SV

Dieter Henrich

FLUCHTLINIEN

Philosophische
Essays

Suhrkamp

CIP-Kurztitelaufnahme der Deutschen Bibliothek
Henrich, Dieter
Fluchtlinien. Philosophische Essays / Dieter Henrich. – 1. Aufl. –
Frankfurt am Main : Suhrkamp, 1982.
ISBN 3-518-57600-3

Erste Auflage 1982

Druck: Mühlberger, Augsburg
Printed in Germany

Inhalt

Ein Dank für Bettina

Vorwort

Jeder Mensch philosophiert. Und die Fragen, die ihn in einem Denken, das er kaum je zur Sprache bringt, bedrängen, geben der Tradition expliziten Denkens, die von den Griechen begründet wurde, ihr Daseinsrecht und ihre ererbte Würde. Aber es ist schwer geworden, in dieser Philosophie noch eine Mitteilungsform zu finden, welche über ihre Grenzen hinausreicht, die zudem immer enger gezogen scheinen.

In diesem Jahrhundert wurde der Versuch gemacht, auch die philosophische Untersuchung der Form der einzelwissenschaftlichen Analyse zu unterwerfen. Sie sollte so aus jedem Schulstreit herausgebracht und zur Strenge der Argumentation und zu Ergebnissen von Dauer geführt werden. Die Folge war der Verlust der Fähigkeit zu integrierendem Denken. In umgekehrter Entsprechung zu ihm stand der andere Versuch, die Philosophie aus ihrer Pflicht zu theoretischer Ausweisung zu lösen. Sie sollte sich nun, als Existenzanalyse oder Gesellschaftskritik, den Lebensinteressen der Selbstverständigung und der Selbstverwirklichung ohne weitere Vermittlungsinstanz unterordnen. Die Folge war die Abhängigkeit von früheren Begriffs- und Theorieformen, ohne daß über deren Aufbau und über die Art des zugleich distanzierten Anschlusses an sie noch Rechenschaft gegeben werden konnte.

Das Erkenntnisziel der neuen Form der Analyse war die Freilegung von einfachen Grundlagen, die in aller Verständigung in Anspruch genommen werden. Das Ziel ihres Widerparts war es, einen Verständigungszusammenhang zu erschließen, der mit allen Verstehenshorizonten des bewußten Lebens zur Deckung zu bringen ist. Die Einsicht in die Unverzichtbarkeit des einen Zieles schien die Preisgabe des anderen zwingend zu fordern.

Aber schon Platon stand in einer Situation, die mit dieser verglichen werden sollte. Der strengen mathematischen Wissenschaft, die auch philosophische Implikationen hat, stand die der Lebenspraxis verpflichtete Weisheit der Sophisten gegenüber. Und keine Mitteilungsform war abzusehen, die es erlaubt hätte, die Evidenzen beider in einen Gedankengang zusammenzubringen. Aber Platons Lehrform hat dann diese Form der Mitteilung doch wirklich geschaffen. Sie ist gar nichts anderes als die produktive Antwort auf die platonische Einsicht, daß Strenge bei Grundlegungsfragen und Universalität der Orientierung einander sogar wechselweise verlangen, daß ihre Verbindung aber nicht direkt sein darf, daß sie nur über eine Zuordnung verschiedener Ebenen der Entfaltung von Gedanken mit jeweils nur ihnen angemessenen Weisen des Begründens und des Überzeugens gelingen kann.

Die Meinung, daß Platons Einsicht auch unter den Theoriebedingungen der Gegenwart zur Geltung gebracht werden kann und muß, ist in den folgenden Gängen von Gedanken überall leitend gewesen. Allesamt gehen sie zunächst darauf aus, Universalität in der Orientierung wieder zu erreichen. Sie gehen deshalb Fragen der Grundlegung nirgends ausdrücklich nach. Doch lassen sie solche Fragen auch nicht einfach offen. Sie sind Versuche auch gerade dadurch, daß sie, wie immer implizit, einen Standpunkt zu eben diesen Fragen beziehen, den sie dadurch bewähren wollen, daß sie zeigen, in welcher Weise sich von ihm her Linien der Orientierung auslegen lassen.

Diese Linien sind Fluchtlinien. Sie zeichnen keine Grundrisse für Bauten, sondern zeigen an, in welchen Ordnungen zu bauen wäre, wenn es möglich werden sollte, die denkende Bewegung des bewußten Lebens selbst in solche Bauten und Zuordnungen eingehen zu sehen.

Im übrigen treten sie durchgängig der Neigung entgegen, auf den Druck der Theorielage und auch der Bewußtseinslage der Zeit mit einem Reduktionismus in der Theorie und dem Verzicht auf weltausgreifende Verständigung zu antworten. Insofern haben sie auch zum Ziel, Fluchtwege des Denkens zu verlegen.

Alle Texte sind in diesem Jahr geschrieben worden. Ihr Anlaß ergab sich vorwiegend aus meinem Übergang von der Heidelberger zur Münchener Universität. Ihre Themen lassen sich nach Bereichen einer philosophischen Analyse unterscheiden, die nicht anders als universalistisch sein kann. Der erste Text (zur Philosophie der »Existenz«) lag der Schlußvorlesung im Studium Generale-Programm in Heidelberg zugrunde, die auch meine letzte Heidelberger Vorlesung war. Der zweite (zur Theorie der Vernunft) entspricht der ersten Vorlesungsstunde in München. Der dritte (zur Wissenschaftstheorie) wurde für die Eröffnung der Münchener Ringvorlesung des Wintersemesters geschrieben. Die Formulierungen der Themen ergaben sich dabei jeweils aus dem Zusammenhang der Vorlesungsreihen. Der vierte Text resümiert einen öffentlichen Vortrag in Japan (zur Theorie der Religion). Der fünfte wurde von der Zeitschrift »Critique« angeregt, dann aber wegen seines Umfanges und Grades der Schwierigkeit dort nicht gedruckt. Nur er gilt, und das auch nur in der Gestalt einer Thesenfolge, den Grundlegungsfragen der Philosophie.

München, im November 1981 Dieter Henrich

Lebensdeutungen der Zukunft

1.
Wurzeln der Lebensdeutungen

Wir deuten, was uns angeht, dessen Bewandtnis aber nicht offen zutage liegt. Schriftzeichen und Tierspuren werden nicht gedeutet. Sie werden gelesen. Denn das, worauf sie verweisen, gehört zur vertrauten Umwelt oder zu dem, wovon wir Sicheres gelernt haben. Zu deuten hatten aber die Astrologen ihre Konstellationen und die Auguren ihren Vogelflug, weil ihnen Sterne und Schwingen zwar verläßlich, aber nicht in durchsichtiger Klarheit Anzeigen gaben. So deutet auch der Detektiv eine verwirrende Spur und der Analytiker einen verschlüsselten Traum. Und so deuten Menschen ihr eigenes Leben.

Das ist verwunderlich; und man kann sogar fragen, ob die Rede von Lebensdeutungen geeignet ist, Grundformen menschlichen Verstehens zu bezeichnen. Denn wer deutet, dem ist das, dessen verborgene Bewandtnis er entschlüsselt, ein dunkles, wenngleich vielsagendes Gegenüber. Kann der Mensch oder muß er gar in seiner verstehenden Beziehung *zu sich selbst* in einer solchen Lage sein?

In welchem Sinn er es wirklich ist, wird uns einleuchten, wenn wir auf einen anderen Unterschied zwischen dem achten, was ›Lesen‹ und was ›Deuten‹ meint: Jede Deutung geht auf einen *letzten* Zusammenhang in dem, was der Deutung bedarf. Man kann lesen, wovon man nicht viel versteht. Was aber gedeutet ist, an dem bleibt nichts mehr zu verstehen übrig. Der Anstrengung im Ausgang von der Ungewißheit, die Routine ausschließt, entspricht, sofern die Deutung gelingt, die Ankunft bei einem zur Gänze erschließenden Verstehen. Es ist dann erreicht, wenn in dem Gedeuteten nichts mehr zurückbleibt, dessen Platz und Bezug in und zu allem anderen noch unbestimmt ist.

In eben diesem Sinn bedarf unser Leben der Deutung. Wir wissen zwar fraglos *von* uns, so daß wir ein bewußtes Leben führen können. Aber wir wissen nur wenig fraglos *über* uns, und am wenigsten über den Ort und Stellenwert unseres Lebens. Aber wir fragen nach ihm. Und vor solcher Frage ist, was wir von uns fraglos wissen, nur Segment eines Zusammenhanges, in dem und der wir wirklich sind.

Wird nun menschliches Leben gedeutet, so muß dies in zumindest drei Dimensionen gesehen werden. Zum einen in den ihm selbst eigentümlichen Erfahrungsweisen samt den Realitäten, welche in diese Erfahrungsweisen eingehen, zum zweiten in seiner Stellung unter allem, was wirklich ist und von dem wir wissen, und schließlich in dem, was für ein Leben leitend sein kann, insofern dies Leben nicht nur geschieht, sondern zu führen ist. So sind die drei Dimensionen die der inneren Verfassung des bewußten Lebens, die seiner Weltstellung und die des Verbindlichen in ihm.

Jede Lebensdeutung muß diese drei Dimensionen in ihrer Beziehung aufeinander begreifen. Das kann auf vielerlei Weise geschehen. So können die inneren Lebenserfahrungen des Menschen, das Gelingen und Versagen in seinem Handeln, sein Triumph, seine Furcht und seine Hoffnung, in direktem Bezug auf einen geheimen Wirkungs- oder Verhängniszusammenhang der ganzen Welt verstanden werden. Ihn zu begreifen heißt dann auch verstehen, was menschliches Tun ordnet und anleitet. Diese Art von Lebensdeutungen sind von magisch oder symbolisch verfaßten Weltlehren her organisiert. Nur sie lassen es zu, Selbsterfahrung und Handlungsorientierung ganz unmittelbar aus Weltwissen zu gewinnen. Menschliches Leben kann aber auch aus Spannungen zwischen den drei Dimensionen gedeutet werden. So kann für wahr gelten, das bewußte Leben habe sich allein aus dem Ordnungszusammenhang der ganzen Welt hin zu orientieren, müsse sich aber darum auch über seine Erfahrungen und Widerfahrnisse hinwegsetzen. Die Einheit zwischen seiner Weltstellung und seiner Verbindlichkeit hebe es über sein individuelles Leben hinaus. In solchen Lebensdeutungen, zu denen die stoische gehört, ist zwischen der Einsicht und dem Verlangen des Menschen eine Sperre eingerichtet, nicht aber ebenso zwischen seiner Erkenntnis und dem Weg zu seiner reinsten Verwirklichung.

Es kann viele andere Lebensdeutungen geben, in denen andere Kontinuitäten und andere Sperren betont sind. Aber nichts ist Lebensdeutung, worin nicht eine wohlbestimmte Beziehung der drei Dimensionen aufeinander gewonnen wird. Nur im Aufweis dieser Beziehung erreicht eine Deutung jenen letzten Zusammenhang, durch den sie überhaupt erst zur Deutung wird. Man darf ihn sehr wohl den *›Sinn-Zusammenhang‹* des menschlichen Lebens nennen. Denn Sinn wird einem bewußten Leben zugesprochen, wenn es, über sich selbst und über die wirkliche Welt verständigt, den für es verbindlichen Weg einschlägt. Es kann diesen Sinn aus der Welt oder gegen die Welt, aber niemals ohne Verständigung über sie erfahren und erfüllen. Darum ist Lebensdeutung, sofern sie nur in Hinsicht auf Sinn-Zusammenhang geschieht, auch die eigentliche Mitte von dem, was einst nach dem griechischen Sinn des Wortes ›Weisheit‹ hieß: Weisheit ist Form eines Lebens, das diese Form ganz aus der Einsicht in die Wahrheit einer Lebensdeutung gewonnen hat. Für Menschen, die nicht weise sind, kann eine Lebensdeutung dennoch der letzte Horizont für ihr Verstehen und die letzte Orientierung für ihr Vorziehen sein.

Es steht außer Frage, daß Lebensdeutungen grundlegende Tatsachen der Menschheitsgeschichte sind. In der Gestalt der großen Religionen haben sie den Weltzusammenhang interpretiert, die Hoffnung des bewußten Lebens auf Rettung aus der Verlorenheit in dieser Welt aufgenommen und einen Weg angewiesen, auf dem ihr Leben zur Übereinstimmung mit dem eigentlich Wirklichen gelangt. Ihre Interpretationen, samt den Erlösungsversprechen und den Normierungen, welche mit diesen Interpretationen einhergehen, haben Epochen und Kulturen ihre Lebensform ermöglicht, wenn nicht vorgezeichnet. Ergibt sich doch ein ganz anderes Leben, je nachdem ob eine Deutung in den Widerstand gegen Wüste und Tod weist (wie in Ägypten), ob sie die Menschen in die Verhängniskette von Jahrhunderttausenden der Seelenwanderung bindet (wie in Indien), oder ob sie zur Besitznahme der sichtbaren Welt in der Erwartung des kommenden Heils ruft (wie in der christlichen Lehre).

Was aber geschichtsmächtig war, kann nichtsdestoweniger abgeleitet und vor allem nicht wahrheitsfähig sein. Es ist auch nicht ausgemacht, ob es gegenwärtig geblieben ist und mehr noch ob es eine Zukunft hat. Der teils erschrockene, teils klarsichtige Verdacht, daß alle Lebensdeutung eine Verstrickung in Täuschungen sei, ist eines der grundlegenden Elemente in der Bewußtseinsstellung unserer Zeit. Er formuliert das Thema der folgenden Untersuchungen. Nun sind nicht alle Lebensdeutungen in der Gestalt der großen Religionen hervorgetreten; auch andere Deutungen wie die Platons oder des Buddha sind geschichtsmächtig geworden. Wird aber, was ›Lebensdeutung‹ meint, als die Ausbreitung eines Sinn-Zusammenhangs aufgefaßt, so muß in unserer Zeit alsbald dieser Verdacht laut werden.

Lebensdeutungen sind nicht unter den einfachen und vertrauten Tatsachen des Alltagslebens zu finden. Sie setzen zwar in diesen Tatsachen ein, heben sich aber auch von ihnen ab und greifen zu einem Wissen aus, das sie allererst in einen größeren Zusammenhang einbringen soll. So sind sie in Distanz zum Leben als solchem. Sie sind aber nicht in Distanz zu sich selbst. Für den Erkenntnisstand unserer Zeit ist es aber kennzeichnend, daß alles direkte und ungehemmte Interpretieren aus solcher einfachen Distanz den Zweifel erzwingt. Spricht man von Sinn-Zusammenhang, der über eine

Deutung gewonnen wird, so scheint beinahe schon festzustehen, daß ein solcher Zusammenhang nur *vor-*, aber nicht *aus*gewiesen werden kann. Wieso überhaupt Deutung? Und wieso diese? Solche Nachfragen werden nicht unbefangen an eine bestimmte Deutung gerichtet. Sie stellen sich schon aus einem Vorbehalt gegenüber dem ganzen Unterfangen des Deutens. Und sie zielen darauf, die Triebkräfte oder die Interessen, allgemein: die in den Deutungsformen selbst nicht beachteten Formationsbedingungen für alle Deutungen zu ermitteln. Sind ihre Ursprünge erkannt, so scheinen sowohl Wahrheitsanspruch als auch Wirkungsmacht der Deutungen, zumindest aber der überlieferten, dahingefallen zu sein.

Die Entlarvung und Destruktion der Deutungen und des Deutens kann sich vieler Methoden bedienen. Ihre Absichten mögen einander direkt entgegengesetzt sein. Aber das Mißtrauen gegen die nur einfache Distanz der Lebensdeutungen verbindet sie miteinander. Die eine Absicht geht auf die Befreiung des Menschen aus dem Deuten-müssen zur wissenschaftlich-nüchternen Wahrheit, die andere auf dieselbe Befreiung um willen der in sich sinnhaften Unmittelbarkeit seines wirklichen Lebens. Die beiden Destruktionsunternehmen drängen somit die Reflektiertheit der Lebensdeutung entweder über sich hinaus zur reinen Objektivität der Erkenntnis oder weg vom Leben selbst, damit es wieder in das ihm eigene unbefangene, von Deutungen nicht überlagerte Verstehen zurückfinden kann. Denn Deutungen können Sinn nur ›geben‹. Schon deshalb scheinen sie bloß Gemächte der Reflexion sein zu können, die wirken mögen, solange das Leben in Illusionen umgetrieben ist, die aber sowohl vor wahrer Erkenntnis als auch in wahrhaftigem Leben verfliegen.

Im zweiten Teil dieses Textes werden wir überlegen, ob wir etwas begründet darüber vermuten können, wie Menschen ihr Leben deuten werden in dem Zeitalter, das kommt und wohl schon angehoben hat. Etwas von der Lebensdeutung der Zukunft vorauszunehmen schließt aber für uns Heutige die Aufgabe ein, darüber nachzudenken, ob Lebensdeutung selbst überhaupt eine Zukunft hat. Ist zu erwarten, daß die Menschheit auch nach dem Verlust der symbolisch organisierten Weltbilder in der Tradition verharren wird, ihr bewußtes Leben in Beziehung auf ein Verständnis von der Welt zu begreifen und zu bewähren? Darauf kann wiederum nur geantwortet werden, wenn wir verstehen, wie Leben und Deuten aufeinander bezogen sind. Daß diese Beziehung nicht wesentlich und unauflöslich, daß sie vielmehr ein Produkt bestimmter Kulturen und Gesellschaftsformationen sei, ist die These der beiden gegenläufigen, aber doch verbündeten Destruktionsversuche. Die Existenz und die argumentative Kraft dieser Destruktionsversuche zwingt dazu, drei Grundfragen zu stellen: Kann bewußtes Leben aus wissenschaftlicher Erkenntnis heraus den Verzicht auf Selbstdeutung bewußt erklären? Benötigt es überhaupt Deutung, oder ist es in seiner natürlichen Vertrautheit mit sich und der Welt hinreichend über sich verständigt? Kann erwartet werden, daß sich mit dem Bedürfnis auf Deutung auch alle Horizonte des Selbstverstehens schließen könnten, so daß sich dann bewußtes Leben in seiner faktischen Reproduktion befriedigt findet? Je nach dem, wie man diese drei Fragen beantwortet, wird man die Zukunft der Lebensdeutung selbst und dann auch die Lebensdeutungen einschätzen, denen eine Zukunft beschieden sein könnte. Sie laufen in der Einen Frage zusammen, ob es einen legitimen und unvergeßlichen Grund für Lebensdeutung im bewußten Leben selbst gibt.

Bewußtes Leben ist in seinem alltäglichen Vollzug auch in vielerlei Weise verstehend. Am kraftvollsten hat Heidegger die These aufgestellt, daß dieses Verstehen in sich selbst schon den Einheitszusammenhang hat, auf den die Lebensdeutungen nur immer ausgehen könnten. Keinesfalls zu deuten also sei Leben. Es sei nur sein ursprüngliches In-der-Welt-Sein und sein darin schon auf seine eigene Ganzheit hin

Verständigt-Sein zu entbergen. Dies leistet philosophisches Denken, das somit weder selbst Deutung sein noch der Deutungsgeschichte der Menschheit das Wort reden dürfe. Die sei in Wahrheit eine Verstellungsgeschichte gewesen.

Ich stelle nun dieser These, welche die Einheit im Ausgang sucht, die These entgegen, daß bewußtes Leben zwar auf Einheit des Verstehens verweist, daß es diese Einheit aber nicht in seinem natürlichen Verlauf findet oder gar schon besitzt. Verhält es sich so, dann greifen Lebensdeutungen zwar über die einfachen Tatsachen des bewußten Lebens hinaus; sie sind aber nicht Überfremdungen seiner Wirklichkeit, sondern Formen des Verstehens, in denen allein bewußtes Leben gesammelt sein und ganz werden kann. Und insofern sind sie auch nicht artifiziell und einem entfremdeten Dasein in der gebrochenen Distanz der Reflexion auferlegt, sondern vom bewußten Leben aus dessen eigener Spontaneität entwickelt. Es muß von sich aus zum deutenden Denken kommen, um wirklich es selbst zu sein.

Dies sind einige der Verstehensweisen, welche bewußtes Leben schon in seiner alltäglichen Wirklichkeit ausmachen: Es versteht sprachliche Bedeutungen und die Handlungszusammenhänge, in denen sie verankert sind. Es ist in Begehren und Agieren auf eine Welt bezogen, von der es insofern vielerlei verläßliche Bilder hat. Denn Handeln kann nur, wer umgeht mit dem, was sich verändern läßt. Und im Begehren liegt, daß in der Welt entzogen sein und zufallen kann, was das Bewußtsein ganz erfüllen würde. Aber der Zusammenhang des Lebens in diesen und anderen Verständigungen ist nicht verfugt von einer in Beziehung auf sie vorgängigen Ganzheit her. Züge des Verstehens gehen zwar zusammen: Es gibt keinen Widerstand im Übergang zwischen ihnen, und ihr Zusammenspiel ist unbehindert. Zusammengenommen sind sie aber einem Aggregat ähnlicher als einem System und der Überblick über unser Leben kann seine vertraute Vielfalt wie eine ebenso vertraute Zerstreuung erscheinen

lassen, – fast so, als sei die Einheit der Welt nur wie ein lockeres Netz, in das eine bunte Fülle des Wirklichen verfangen und gebunden ist.
Aber es gibt Weisen der Bewußtheit, welche vom Bewußtsein von der diffusen Vielfalt unseres Lebens, das schon in Kindern aufkommen kann, ganz verschieden sind. In ihnen wird alles Wirkliche samt dem, der in dieser Bewußtheit steht, so erfahren, als verstünden sie sich von einer einzigen großen Prämisse her, welche nun erst den Einheitssinn der Welt offenbart. Solche Erfahrungen verstehend-gesammelten Bewußtseins sind Glück und Not. Sie sind ganz anderes als die Erlebnisse des Glückhabens und des Bedrängtseins. ›Glück‹ ist die Erfahrung des vollendeten, gelungenen Lebens, dem alles, was überhaupt ist, als ›in Ordnung‹ und in einer großen Zustimmung einbegriffen erscheint. In ›Not‹ ist der, der nichts mehr finden kann und will, das ihm einen Halt oder auch nur irgend etwas bedeutet, so daß sich für ihn über jegliches, ihn selbst inbegriffen, die alles durchherrschende Gewißheit von Grundlosigkeit und Gleichgültigkeit ausbreitet. Glück ist mit Bedrängnis und Not mit Wohlfahrt vereinbar. Wer aber in Glück oder Not und womöglich in beiden war, dessen Leben ist auf einen anderen Einheitssinn hin ausgerichtet als der des Ensembles seiner Alltagswelt. Er mag betrübt oder erleichtert in sie zurückkommen. Aber er weiß, daß sich in ihr keine Antwort auf die Frage findet: wer eigentlich er ist, und was es auf sich hat mit dem, was überhaupt ist. Glück und Not haben Eigentümlichkeiten, welche sie mit Lebensdeutungen teilen. Durch sie ist ein Gesamt-Horizont für alles Verstehen und Verhalten ausgespannt, der als ein letzter, nicht noch weiter zu umgreifender und der unverrückbar erscheint. Darum herrscht in einem Leben, gleichviel ob Glück oder Not es bestimmt, gegenüber dem Gleiten und Schwanken in der alltäglichen Lebenswelt, ihrer Klarheit im einzelnen und ihrer Zerstreuung im ganzen, auch das Bewußtsein größerer Tiefe und Wahrhaftigkeit.

Aber dennoch sind Glück und Not selbst keine Lebensdeutungen.
Das zeigt sich schon daran, daß beide Erfahrungen nicht nur einander entgegengesetzt sind, sondern daß auch in beiden von der Möglichkeit der anderen und ebenso vom Ausgeschlossensein der anderen *gewußt* wird. Die Affirmation des Glücks schließt ein und erfolgt sogar darauf hin, daß alle Not nicht nur vorüber, sondern daß sie eigentlich unwahr geworden ist. Umgekehrt besteht Not auch und gerade darin, daß Glück nicht nur verloren, sondern in seiner Möglichkeit ausgeschlossen, daß es schal und unwahr geworden ist. Aber trotz und vielleicht gerade wegen ihrer wesentlichen Ausschlußbeziehung aufeinander können sich Glück und Not in dieser ihrer Beziehung übereinander nicht verständigen. Ihre eigene Affirmation macht sprachlos gerade in der für ihre innere Qualität wesentlichsten Hinsicht.
Beide sind höchste Möglichkeiten des bewußten Lebens. Und so wird jede Lebensdeutung, welche dies Leben in seiner eigentlichen Wirklichkeit erreicht, den Ernst und die Wahrheit dieser Erfahrungen aufnehmen und einbegreifen. Aber als Deutung muß sie beiden, von denen jede ihr Anderes dementiert, aber nicht begreift, im Zusammenhang eines Lebens einen Sinn und Stellenwert zusprechen. Sie wird das nur können, wenn sie dies Leben als einen Weg durch einander ausschließende Sinnerfahrungen begreift – und wenn sie diesem Weg selbst in einem noch größeren Zusammenhang einen Sinn zuordnen kann. Darum verlangen Glück und Not nach Lebensdeutung. Da sie aber selbst Weisen von Einheitsbewußtsein sind, das der Alltagserfahrung nicht aufgesetzt ist, sondern in denen sich das bewußte Leben selbst sogar vertieft, kann die Lebensdeutung, die von Glück und Not ausgeht und die ihnen gerecht wird, nicht nur in reflektierter Distanz erdacht und vorraisoniert sein. Bewußtes Leben treibt aus sich selbst Denken hervor. Und dies Denken ist ganz anderes als Theoretisieren, sondern vom bewußten

Leben spontan und notwendig freigesetzt und in der Orientierung an den ihm wesentlichsten Erfahrungen gehalten. Nur in solchem Denken, durch das sich eine Lebensdeutung ausbildet, gewinnt bewußtes Leben die ihm unverzichtbare Perspektive seines möglichen Ganz-sein-Könnens. Nachdenklichkeit über den Weg des Menschen in den Sinnerfahrungen seines Lebens geht deshalb schon in die frühesten Sinndeutungen aller Kulturen ein, so wie solche Nachdenklichkeit auch schon in Kindern aufkommen kann.
Schon daraus läßt sich die Folgerung gewinnen, daß sich in jedem bewußten Leben und somit in jeder Gesellschaft Sinnfragen anmelden werden. Und es bleibt nur offen, ob sie in die Latenz gezwungen bleiben oder ob sie Antworten finden, die kulturelle Lebensformen dauernd strukturieren, und weiter auch, ob eine Antwort für die Formation einer Gesellschaft bestimmend wird oder ob eine Konkurrenz von verschiedenen Antworten in oder am Rande der Gesellschaft freigegeben ist. Die Frage, was in dieser Hinsicht der Befund in der Gegenwart und die Erwartung für die Zukunft sei, wird in den folgenden Überlegungen nur berührt, nicht eigentlich aufgenommen werden.
Dafür, daß das bewußte Leben aus seiner eigenen Verfassung heraus auf Verständigung in einer Lebensdeutung drängt, ohne selbst schon in einer verläßlichen Verständigung zu stehen, läßt sich noch eine andere Begründung geben. Sie ist direkt von der Form der Verfassung des bewußten Lebens selbst herzuleiten: Zum Menschsein gehört Selbstbewußtsein, – von sich selbst *als* von sich selbst zu wissen. Ein Wesen, das Selbstbewußtsein hat, muß sich aber von der Struktur dieses Bewußtseins her immer in einer doppelten Relation verstehen: als einer unter vielen und als einer gegenüber allem. Insofern der selbstbewußte Mensch einer unter anderen ist, ist er ›Person‹. Er weiß sich zu unterscheiden von allen anderen, weiß aber auch, daß er wie sie in die gemeinsame Welt gehört, – daß er als Person ein Lebewesen

ist und einen Platz unter allen Weltdingen hat. In einer anderen Hinsicht ist aber jedes selbstbewußte Wesen radikaler und von allem unterschieden, von dem es weiß. Es greift über die Welt als ganze aus und findet, was immer es in ihr denkt oder antrifft, in derselben Korrelation zu dem Einen, das es ist, insofern es von sich weiß. Die Welt ist ihm der Inbegriff dessen, was es überhaupt denken und antreffen kann. In diesem Sinn ist jeder Mensch nicht nur Person, sondern ebenso ›Subjekt‹. Daß er gerade diese Person ist, muß von ihm aus der Perspektive seiner Subjektivität heraus als zufällig erfahren werden.

Das natürliche Selbstverständnis des selbstbewußten Wesens ist von Grund aus durch diese Doppelung bestimmt. Die Selbstbeschreibung als Person und die Selbstauffassung der Subjektivität sind nämlich gegenläufig zueinander. Das natürliche Selbstverstehen hat keinen Weg, sich über einen Einheitssinn in dieser Doppelung verläßlich zu verständigen. Ebensowenig kann es sie aber auf sich beruhen lassen. Sie liegt den gegenläufigen Lebenstendenzen zur Selbsterhöhung und Selbstbegrenzung, zu Egozentrizität und Hingabe zugrunde. Nur in einer Antwort auf die Frage ›wer eigentlich bin ich?‹ können sie zu einem wirklichen Ausgleich statt nur zu einem faktischen Gleichgewicht kommen. So treibt diese Doppelung, genauso wie die Gegenläufigkeit in den Erfahrungen von Glück und Not, in das Nachsinnen. Auch sie bringt so das selbstbewußte Leben auf den Weg der Lebensdeutung.

Es liegt nahe, in der Doppelung von Personsinn und Subjektsinn sogar eine der Grundbedingungen für die Möglichkeit der Erfahrungen von Glück und Not zu sehen, die in sie eingeht, ohne sie allerdings zu erklären: Im Glück bringt das Gelingen des Lebens der Person die Subjektivität in eine Übereinstimmung mit der Welt, die sie als ganze umfaßt. In der Not wird aber das Subjekt von der Welt dissoziiert, so daß ihm alles, es als Person eingeschlossen, in bodenloser Faktizität entgegenkommt.

Man kann noch weiter auf der Frage bestehen, warum es für das bewußte Leben nicht genug sei, in Klarheit und ohne Flucht in den Spannungen zu verharren, die sich in seinen wesentlichsten Erfahrungen auftun, statt dem Sog in den riskanten Weg der Lebensdeutungen nachzugeben. Aber dann lassen sich weitere Gründe nennen, welche diesen Ausgriff ihrerseits unausweichlich machen: Ein Grund ergibt sich daraus, daß jede der gegenläufigen Erfahrungen und Bewußtseinsstellungen des Menschen sagt, ›wie es wirklich ist‹, und somit einen Anspruch auf Recht und letzte Wahrheit einschließt. Solche Ansprüche sind nicht geradezu zu suspendieren, ohne daß das bewußte Leben aus seiner Sinn- und seiner Wahrheitsbeziehung insgesamt herausfällt. Ein anderer Grund leitet sich daraus her, daß es für alles Selbstbewußtsein wesentlich ist, sich nicht nur gegenüber der Welt, sondern auch über die Geschichte seiner Erfahrungen als es selbst und als dasselbe zu kennen. Es kann also vergangene Erfahrungen nicht unverarbeitet von sich abstoßen. Man sagt mit Recht, daß der, der sich jeweils in der Unmittelbarkeit seiner Gegenwart verliert, eigentlich bewußtlos lebt. Zu einem freien Selbstverhältnis gehört jene Art von Erinnerung, welche der vergangenen Erfahrung die Treue hält, – nicht die, einfach an ihr festzuhalten, sondern die, welche ihre Eigenart in ein Verstehen aufnimmt, das auch die gegenwärtige Erfahrung in sich einbegreift. Darum ist ungestörte Kontinuität des Bewußtseins nur über eine Lebensdeutung möglich.

Eine wichtige Folgerung aus alledem ist nun ausdrücklich festzuhalten: Lebensdeutungen gehen aus der eigenen Dynamik des bewußten Lebens hervor, sie überschreiten aber notwendigerweise die Wirklichkeit, in der es sich natürlicherweise vollzieht. Sie führen das bewußte Leben, indem sie es auf Einheit hin orientieren, zu einer Verständigung aus einem ihm in seinem Alltag nicht verfügbaren Weltzusammenhang. Zwar ist es in seinem Alltag mit sich vertraut.

Aber es muß sich und seine Welt transzendieren, um Klarheit in das Dunkel zu bringen, das es sich selbst ist und das ihm auch in seinem vertrauten Alltag, obgleich oft verdrängt, zu doch unvergeßlichem Bewußtsein kommt.
Daraus folgt nun weiter zwingend, daß große Lebensdeutungen, die Epochen der Menschheitsgeschichte durchherrscht haben, niemals von simpler Alltagsevidenz sein konnten und daß sie gerade dadurch überzeugend waren. Nur insofern sie aus den Spannungen im Grundverhältnis des bewußten Lebens aufstiegen und nur wenn sie ihren Sinn-Zusammenhang auf diese Spannungen hin orientierten, gewannen sie ihre überlegene Kraft, Leben an sich zu binden und über das Dunkel in seinem Alltag und im Widerspiel seiner Erfahrungen hinausführen. An die Adresse der Philosophie gesagt bedeutet dies, daß es kein gelungenes Leben gibt ohne Metaphysik, auch wenn dies Leben sie nicht mitzuteilen versteht, – und keine wahrheitsfähige Metaphysik, die sich harmlos gibt und die ihre Herkunft aus antinomischen Problemlagen des Lebens verleugnet.
Aus ihrem Ursprung im sich selbst dunklen Grundverhältnis des bewußten Lebens lassen sich einige der großen Lebensdeutungen gut begreifen, die bis heute fortwirken und die ihren Wahrheitsanspruch noch immer zu Gehör bringen. An das Bewußtsein von der endlichen Weltlichkeit der Person, deren bewußtes Leben aber auch Zentrum für die Weltbeziehung insgesamt ist, schließt der *Monotheismus* an. Er leitet alles Wirkliche, vor allem aber die endlichen Personen, vom Wirken einer Person her, in der keine Spannung ist zwischen weltumgreifender Subjektivität auf der einen Seite und Personalität auf der anderen. Gott ist, insofern er der Eine und Einzige ist, auch das Ganze, das er in sich begreift. Als Einer setzt er aber aus seiner eigenen Fülle selbständiges Dasein sich gegenüber und somit sich selbst in Beziehung zu diesem anderen Dasein. Dies Dasein hat nur den Bestand, den er ihm verlieh. Und sofern es bewußtes, aber endliches Leben

ist, kann es zu eigener Einheit nur kommen, indem es sich aus ihm als seinem eigentlichen Einheitsgrund versteht. Es ist in Not, sofern es sich nicht mit seinem Leben verbindet und seinem Gesetz sich unterwirft. Es kommt ins Heil, wenn es begreift und annimmt, daß es nur von ihm her ist und zur Gänze es selber sein kann.

Dem steht die Lebensdeutung der *All-Einheitslehren* entgegen. Sie hält an der Gewißheit fest, daß nicht der Gedanke der Person, sondern nur das reine Bewußtseinsleben des Subjekts einen unmittelbaren Zugang zu dem erschließt, was wirklich ist. Daher kann das Wirkliche, aus dem sich zuletzt alle Wirklichkeit in ihrem Sinn-Zusammenhang versteht, durchaus nicht personale, wenn auch unendliche Einzelheit haben. Denkt man es aber nicht als den einen Gott, so fällt auch der Gedanke von einem Hervorgang des Endlichen aus dem unendlichen Wesen hinweg, – also der anstößige Glaubenszwang an die Schöpfung aus dem Nichts. Der Mensch kann verstehen, daß, was in sich selbst unbeschränkt ist, auch in ihm selbst am Werke ist. Er selbst ist nur ein Ort oder Moment, in dem der unpersonale Weltgrund oder das anonyme Allbewußtsein zum Bewußtsein seiner selbst kommt. Aber insofern ist auch der Mensch in Wahrheit ein Unbeschränktes. Seine Not ist, in seiner Bewußtheit von seinem endlichen Personleben nicht lassen zu können. Sein Heil gewinnt er über Askese und Meditation, wenn er die Person nur als ein Gefäß des All-Lebens versteht und gleichgültig annimmt.

Die großen Lebensdeutungen der Geschichte sind allesamt zu umfassenden Beschreibungen der Welt als einem Symbolzusammenhang ausgearbeitet und von Institutionen der Heilsverwaltung stabilisiert worden. Die Weise, in der das geschah, ist aus vielen Umständen zu verstehen, zu denen soziale und geographische Bedingungen ebenso gehören wie der Wissensstand und die Sprache einer Kultur. Auch in der Konzeptionskraft von Gründern und Propheten haben sie eine originäre Quelle. Aber alle diese Determinanten und Ausgestaltungen reichen doch nicht bis zu den Grundformen der großen Weltdeutungen selbst, sondern setzen sie schon voraus. Diese Grundformen lassen sich nur aus Möglichkeiten der Deutung verstehen, die mit dem Grundverhältnis von bewußtem Leben selbst schon vorgezeichnet sind.

Daraus ergibt sich aber die Einsicht, daß der eigentliche Kern und Sinnzusammenhang der Lebensdeutungen mit diesen ihren Grundzügen sogar identisch ist. Zwar wird jede der wirklichen Lebensdeutungen, die ihre Wahrheit auch als Heilstradition verwalten, ihren Wahrheitsanspruch an die Besonderheiten der symbolischen Weltdeutung binden müssen, zu der sie in ihrem Ursprung gelangt oder auf dem jeweiligen Stand ihrer Entfaltung fortgeschritten ist. Aber das bewußte Leben selbst gewann seine Einheit dadurch, daß es in eine der Grundformen möglicher Lebensdeutungen eingetreten ist. Das ist allerdings nur dann glaubwürdig und überhaupt nur verständlich, wenn an der weiteren Einsicht festgehalten wird, daß solche Grundformen nicht etwa auf das milde Minimum einer Kompromißformel hinauslaufen, auf die der Deismus des 18. Jahrhunderts die Religionen zu einigen suchte. Jede der Grundformen birgt in sich alle Spannungen des bewußten Lebens und bringt sie ein in ihr Verständnis von seiner Einheit und seinem Ursprung. Nicht in ihrer dynamischen Spannung und humanen Wahrheit, sondern nur durch ihre Geschichte vom Heil und ihr symbolisches Weltbild unterscheiden sich die historischen Lebensdeutungen gegeneinander.

II.
Krise und Zukunft der Lebensdeutungen

Die Epoche der Geschichte, in der wir leben, ist durch den Zerfall der Beschreibungen der Welt gekennzeichnet, welche die ›symbolischen Weltbilder‹ genannt wurden. Mit ihnen sind auch die Lebensdeutungen, die von symbolischen Weltdeutungen am Ende nicht zu lösen sind, um ihre Überzeugungskraft gekommen. Jede Lebensdeutung gewinnt ihre eigentliche Kraft daraus, daß sie die wesentlichsten Erfahrungen des bewußten Lebens in einen Sinnzusammenhang einbringt. Aber das bewußte Leben ist sowohl als Subjekt wie als Person Leben in und im Bezug auf eine Welt. Auch das, was es von dieser Welt weiß und was es in seiner Welt in Erstaunen und Verwirrung bringt, muß von seiner Lebensdeutung einbegriffen sein: Es muß einen Ort in deren universalem Verständigungszusammenhang haben.

Die symbolischen Weltbilder sind nun die Folgen dessen, daß eine Lebensdeutung, die an ihr selbst auf den Alltag Transzendierendes ausgeht, ihre Interpretation von der Welt doch im direkten Ausgang von den Erfahrungen und Bedürfnissen des bewußten Lebens gewonnen hat. In diesen Weltbildern wird alles Wirkliche von Mächten und Bezügen her verstanden, die auch das bewußte Leben als solche angehen und die ohne Bruch und Einhalt von seinen Denk- und Erfahrungsmöglichkeiten her vorgestellt sind. Das schließt umgekehrt ein, daß sich auch das bewußte Leben selbst in der Beziehung auf alle Weltdinge, wenn auch nicht aus ihnen zu verstehen vermag. Die Tatsache, daß Bewußtsein, obzwar Bewußtsein eines Weltwesens, dieser Welt als ganzer gegenüber ist, wird eingebracht und umgesetzt in ein Wissen von der Welt, in dem diese in allem ein bewußtes Leben überall angehender Sinnzusammenhang ist. Für unser Zeitalter ist solches Verstehen unwiederbringlich verloren. Damit sind alle gegenwärtigen und künftigen Lebensdeutungen unter zwei Grundbedingungen gestellt, die voneinander wechselweise abhängig sind: Sie müssen die Vergegenständlichung der Welt und das Wissen von der Dynamik des bewußten Lebens als einem in sich selbst geschlossenen Zusammenhang anerkennen. Die Notwendigkeit, bei aller Verständigung über die Natur und über Bewußtsein von diesen beiden Prämissen auszugehen, ist in der frühen Moderne zu unverdrängbarer Deutlichkeit gebracht worden. Damals wurde die Welt zum Anwendungsbereich einer Erkenntnis, deren Methode auf der Voraussetzung beruht, daß direkte Interpretation auf symbolische Beziehungen hin die Einsicht in das, was wirklich ist, notwendigerweise verfehlt. Das führte zur Entwicklung einer Physik, welche die Natur unter konsequentem Ausschluß aller Projektionen aus dem bewußten Leben beschreibt. Das führte weiter zu einem Zugriff von Erkenntnis, der sich auf Teilbereiche des Wirklichen beschränkt und sie theoretisch durchdringt, ohne auf ihre Integrierbarkeit in einen universalen Zusammenhang überhaupt noch sehen zu müssen. In genauer Entsprechung dazu ergab sich eine Form der Verständigung über das bewußte Leben, die sich am besten als Verständigung unter dem Prinzip von dessen Autonomie beschreiben läßt.

Mit seiner ›Autonomie‹ ist hier etwas ganz anderes gemeint, als daß bewußtes Leben seiner selbst mächtig oder gar aus eigener Macht wirklich sei. Es heißt vielmehr, daß sich das bewußte Leben über sein Dasein und seinen Konflikt- und Entwicklungszusammenhang nicht aus der vergegenständlichten Natur verstehen kann. Es entfaltet sich aus sich selbst, so wie auch das Großhirn ein geschlossenes System ist, das nur nach eigenen Funktionen die Nachrichten von Rezeptoren verarbeiten kann. Und da Bewußtsein endlich ist und sich in seiner Grundverfassung vorfindet, entfaltet es sich aus einem Grund und Bedingungszusammenhang, der ihm intern nicht nur unverfügbar, sondern der ihm im Zusammenhang seines natürlichen Wissens notwendigerweise entzogen ist. Diese Gewißheit hat wiederum ganz direkt für die Lebensorientierung der Menschen die erheblichsten Konsequenzen nach sich gezogen: Das bewußte Leben ist notwendig darauf gewiesen, sich aus seinen eigenen Prinzipien heraus zu entfalten. Und daraus folgt der aus sich selbst gesteuerte und angetriebene Dynamismus der modernen Welt samt der unerschütterlichen Überzeugung von dessen Legitimität. Der ist seinerseits eine Voraussetzung dafür, daß die Erforschung der Wirklichkeit in Bewegung bleibt, sich ständig selbst zu überholen, daß der Gedanke, aus irgendeinem ihrer Stadien könnten sich bindende und verbindliche Konsequenzen zum Einhalt herleiten, als gänzlich haltlos außer Betracht bleibt. Vorab geht aber dieser Dynamismus auf die Erkundung der Möglichkeiten des *eigenen* Lebens. Für es ist seit dem Zerfall der symbolischen Weltdeutung der Fortgang auf dem Wege der Erfahrungen des bewußten Lebens und der Versuch zu einer Selbstvergewisserung in ihm zur einzigen Weise seiner Selbsterhaltung geworden. Diese Gewißheit ist strukturgebend in alle Lebensformen der Moderne eingegangen. Weder ihr Wirtschaftssystem noch ihre politischen Institutionen lassen sich von ihr ablösen. Und das erklärt auch am besten, warum sie, wenn sie in Kulturen übertragen werden, in denen die symbolischen Lebensdeutungen noch Evidenz haben, auf einen stummen, aber unüberwindlichen Widerstand stoßen, der sich am deutlichsten in der Korruption der von innen heraus unverstandenen Lebensformen der Modernität auswirkt.

Bei der Diagnose von Bewußtseinsstellungen von Epochen, zumal der eigenen, ist es notwendig, weiträumig und auf das Grundsätzliche hin zu denken. Sonst sitzt man alsbald denen auf, die in jedem Verlust auch das Ende aller Möglichkeiten zu erkennen meinen. Haben wir die Grundstellung der Modernität richtig charakterisiert, so beruht sie wohl auf dem Ende der symbolischen Weltbeschreibung, aber gerade nicht auf dem Versiegen der Quellen, aus denen Lebensdeutungen überhaupt hervorgehen. In grundsätzlicher Betrachtung könnte man eher das Umgekehrte sagen: Die Spannungen in Erfahrung und Verfassung des bewußten Lebens, welche die historischen Lebensdeutungen in Sinnzusammenhänge übersetzten, sind in der Moderne zu ausdrücklicher Bewußtheit gekommen. So ist die neuere Geschichte auch nicht etwa arm an eindrucksvollen Deutungen gewesen, in denen die beiden Grundprinzipien des modernen Bewußtseins unverkürzt aufgenommen worden sind. Als ein Beispiel kann die von Spinozas All-Einheitslehre ermöglichte Verständigungsbewegung dienen. Auf sie geht die klassische Epoche der deutschen Philosophie und Literatur zurück.

Diagnostische Besonnenheit verlangt es allerdings auch, die vom Wandel zur modernen Bewußtheit ausgehenden Wirkungen nicht zu gering zu veranschlagen. Der Wandel war in noch einem anderen Sinne profund, der über die Auflösung des symbolischen Weltbildes hinausgeht. Mit der Vergegenständlichung der Natur stehen Methoden zur Verfügung, die für Vergegenständlichung universal gebraucht werden können. Sie machen es möglich und zwingend, über die Grenzen der Alltagserfahrung in der genau umgekehrten Richtung hinauszudenken, in der sich das symbolische Weltbild entfaltet hatte: In diesem Weltbild war die Natur mit Beziehungen auf das Menschenleben überzogen. Nun öffnet sich die umgekehrte Aussicht, von der vergegenständlichten Natur aus über das bewußte Leben selbst zur Klarheit zu kommen. So ergibt sich zunächst der Naturalismus und, sofern er auf die physikalische Theorie aufgebaut ist, der Materialismus als universale Theorie. Deren moderne Formen würden fehlinterpretiert, wenn sie als Lebensdeutungen aufgefaßt würden. Denn es ist gerade ihre Absicht, auch noch das Deutungsbedürfnis des Menschen in eine Gesamterkenntnis vom natürlichen, zuletzt materiellen Prozeß einzubeziehen: Die Mechanismen und Funktionszusammenhänge, in denen Deutungen entstehen und wirksam werden, sind wissenschaftlich zu erkennen. Sie sind es also auch, die den Zweifel begründen und konkret machen wollen, auf den sich jede philosophische Verständigung über die Quellen von Lebensdeutungen vorab eingelassen haben muß.

Aus diesem Zweifel sind die Methoden und Theorien der Idol- und Ideologiekritik von Bacon bis Freud hervorgegangen. Und auch deren Fruchtbarkeit und Unvergeßlichkeit steht nicht in Frage. Sie haben die Menschen gelehrt, nicht nur zwischen sich und ihrer Welt, sondern auch noch zwischen sich und der Dynamik ihres eigenen Bewußtseins mitsamt seinem Deutungswillen die Distanz der Vergegenständlichung, des radikalen Vorbehalts und der Enthaltsamkeit einzurichten. So ist die Reflektiertheit der späteren Moderne eine doppelte: In sich gegen die Welt und in sich gegen sich selbst in Obachtstellung zu sein.

Man kann meinen, daß damit jeder Lebensdeutung die Wurzel abgegraben sei. Die doppelte Reflektiertheit kann den Menschen nicht aus seiner Grundsituation befreien, die auf Lebensdeutung dringt und ihn nur in ihr Ruhe und Einheit finden lassen würde. Sie kann ihm aber, wenn sie ihm diese Deutung verwehrt, einen Standpunkt höherer Ordnung anbieten, für den die Dynamik des eigenen Bewußtseinslebens zu einem Faktum unter anderen geworden ist. Wahr ist eben jene Verständigung über es, welche diesem Leben selbst seinen eigenen Wahrheitsanspruch von vornherein radikal entzogen hat. Und so ist die Erkenntnisfähigkeit des Menschen von seiner Fähigkeit zu deuten sowohl abgeschnitten als auch befreit.

Ein mächtiger Impuls in der modernen Welt geht dahin, auf diesen Standpunkt der zweiten Reflektiertheit zu treten. Wo ihm in Klarheit über das Gewicht dessen, was preiszugeben er verlangt, aber ohne Rückhalt gefolgt wird, da verbindet er sich sogar mit den noblen Tugenden des Mutes und der Vorurteilslosigkeit. Man erkennt die Auswirkungen dieses Impulses aber auch dort, wo die Konsequenzen aus ihm nur halb gezogen sind, – so etwa im Zynismus, der die kleinlichsten Interessen verbissen geltend macht und der viel dazu beiträgt, daß die großen Institutionen der Modernität auch von innen heraus zerrieben werden, – in der monumentalen Aggression des politischen Nihilismus, der noch Deutungspathos ausbeutet, in Wahrheit aber die Welt in der Gewißheit ihrer puren Faktizität seiner ungebundenen Macht unterwerfen will.

Es ist nicht möglich, diesen Impuls durch ein nüchternes Urteilen aufzuhalten, das Enthaltsamkeit üben will, wo es um letzte Fragen danach geht, was wirklich ist. Auch Normtreue und der gute Wille zur Bewahrung von Werten und Traditionen kann nie dieselbe Kraft entfalten wie er. Es gehört zum Wesen des Menschen, daß er sich aus einer universalen Wahrheit orientiert. Und selbst wenn diese Wahrheit die anscheinend ursprünglichen Rechte seines bewußten Lebens unterläuft und dementiert, so ist er noch eher bereit, sich mit seiner eigenen Erfindungskraft in die Arme dieser Wahrheit zu begeben, als einer Botschaft und Warnung zu folgen, die ihm nichts gebietet als Einhalt und Vorsicht. Das ist selbst dann noch der Fall, wenn das einzige Wahrheitsangebot, das akzeptabel erscheint, eine zerstörerische Halbwahrheit ist. Unser Jahrhundert ist mit dieser Tatsache im Übermaß konfrontiert gewesen.

›Wahrheit‹ heißt hier nicht wissenschaftlich gesicherte Erkenntnis. Für wahr erkennt der Mensch an, was die umfassendste Evidenz hat und die am meisten einleuchtende Perspektive eröffnet. Und dies ist nicht eine Wahrheit ›als ob‹, also unter dem Vorbehalt, daß man nur so denken müsse, sondern im wirklichen Bewußtseinsleben die stärkste Affirmation, zu der ein Mensch überhaupt imstande ist. In diesem Sinn sind gewiß die großen Lebensdeutungen wahr gewesen. In zumindest vergleichbarem Sinn kann auch das materialistische Gegenkonzept der Moderne Wahrheit haben, obgleich es alle Lebensdeutung als solche in die Unwahrheit verweist.

Das Element in der modernen Bewußtseinslage, das alle Lebensdeutung der Vergangenheit überläßt, ist damit, so hoffe ich, aus dem Zentrum seiner Stärke heraus zu Wort gekommen. Und es ist nun zu zeigen, warum dies nicht das letzte Wort ist über die Zukunft der Lebensdeutungen.

Betrachten wir zunächst die Leistungskraft des Wissens vom materiellen Universum, aus dem der Rückruf der Lebensdeutung in die Ernüchterung der entgötterten Natur seine Evidenz gewinnt. Die Faktizität dieser Natur ist von überwältigender Eindeutigkeit. Aber sie erklärt sich nicht aus sich selbst. Daß sie Bestand und Ordnung unter Gesetzen hat und welches die Ausgangsbedingungen sind, von denen her alle ihre Prozesse anheben, aus denen die gegenwärtigen Zustände der Welt herzuleiten sind, – das geht allem Ermitteln von Tatsachen und Theorien des materiellen Universums voraus. Es ist selbst in keiner Weise eine theoriefähige Tatsache. Daß es so ist, gibt uns allerdings auch nicht das Recht, der materiellen Welt eine ewige Ursache vorauszudenken. Damit gerät man nur in den Regreß des Herleitens und im übrigen in die direkte Extrapolation von Begriffen eines Absoluten aus Momenten des bewußten Lebens zurück, welche eines der Elemente der symbolischen Lebensdeutung des Monotheismus gewesen ist. Aber die Unbegründbarkeit der materiellen Welt aus sich bleibt ebenso unbestreitbar, wie die Wirklichkeit dieser Welt selbst. Nach den Verfahren, durch die ihre Gesetze ermittelt werden, läßt sich ihr Dasein oder gar ihre Notwendigkeit auf keine Weise verstehen. Dieser Sachverhalt bildet mit noch anderen Sachverhalten eine bedeutsame Konstellation, welche dem Materialismus seinen Anspruch entzieht, eine Universaltheorie zu sein. So hat die Mathematisierung der Naturerkenntnis überhaupt erst einen eindeutigen Begriff von der materiellen Natur des Universums ermöglicht. Zugleich hat sie aber auch den Gedanken von der Materialität so weit wie nur möglich von seiner Bedeutung im Alltagsverständnis weg verschoben. Materielles ist nur in dem Sinne wirklich, in dem es auch mathematische Objekte wie Zahlen, Klassen und Funktionen sind. Die hatten einst Platon dazu veranlaßt, neben der materiellen eine Welt von ganz anderer Verfassung anzunehmen. Aber die Welt des modernen Materialismus ist selbst von formalen Verhältnissen her konzipiert, sie ist platonisch verfaßt. Das hat zur weiteren Folge, daß in der Theorie des Materiellen die Probleme des Unendlichen und der Begrenzung der formalen Beherrschbarkeit mathematischer Gegenstände zum Tragen kommen können, welche die neuere Mathematik entfaltet und in ihre Verlegenheiten gebracht hat.

Der im Hinblick auf Lebensdeutung wichtigste Sachverhalt ist aber, daß die Theorie der Materie, sofern sie wissenschaftliche Theorie ist, Grundform und Dynamik des bewußten Lebens auf gar keine Weise in sich einbegreifen kann. Man kann die materielle Natur von Bewußtsein für überwältigend evident halten. Seit der Entwicklung der Neurologie und ihrer Popularisierung ist dies zu einer sogar populären Evidenz geworden. Aber die physikalische Theorie erlaubt es nicht anzugeben, *in welchem Sinne* die Prozesse des Bewußtseins materielle Prozesse sind. Sie sind keine möglichen Gegenstände der Physiologie und also der Physik des Großhirns. Der Materialismus ist also zwangsläufig eine theoretische Extrapolation, – es sei denn, man entschlösse sich zu der verwegenen Behauptung, daß die Sprache, in der sich Menschen über ihr bewußtes Leben verständigen, gänzlich ohne Gegenstand und ein zwar wohlgeordnetes und eingewöhntes aber bezugsloses und somit obsoletes Reden sei. So muß man hinsichtlich des Materialismus einen begrenzten Satz (ein limitatives Theorem) von der Art formulieren, die für die moderne Mathematik so bedeutsam geworden ist: Ist der Materialismus wahr, so ist er in Beziehung auf Bewußtsein nur unwiderstehlich, nicht aber beweisbar.

Dies alles schmälert nicht die Evidenz der Betrachtungsweise, die zur Formulierung des Materialismus geführt hat. Sie ist nicht nur und nicht primär aus empirischer Einsicht und Theorie, sondern aus der doppelten Reflektiertheit in der modernen Bewußtseinsstellung hervorgegangen. Aber es zeigt sich nun, daß auch die Tatsache der materiellen Welt für Interpretation zugänglich und daß sie ihrer sogar bedürftig ist.

Die Richtung, in der sie eine Öffnung für die Interpretation hat, ist durch die Unfähigkeit ihrer physikalischen Theorie vorgezeichnet, zugleich auch Theorie des Bewußtseins zu sein. Denn damit ist das Verhältnis von Materialität und Bewußtsein auch bei Anerkennung der Materialität der Welt unbestimmt. Und so ergibt sich die unabweisbare Aufgabe, über seine Natur einen haltbaren Gedanken zu haben, der mit den empirischen Befunden im Einklang ist, ohne aber je durch solche Befunde verifiziert werden zu können.

Einige Theorien haben auch diese Öffnung verstellen wollen. Die wichtigste unter ihnen ist die Evolutionstheorie, welche alle Komplizierung der materiellen Prozesse zu reicheren und schließlich zu selbststeuernden Systemen auf Zufälle der mechanischen Interaktion zurückgeführt hat. Aber diese Theorie ist schon deshalb nicht zwingend, weil sie am Ende nicht umhin kann, die Grundbedingungen dafür, daß diese Zufälle eintreten können, in der Ausgangskonstellation des ganzen materiellen Prozesses vorprogrammiert zu sehen. Woher aber dann das Programm? Darum steht dieser Evolutionstheorie auch heute noch gleichwertig eine andere gegenüber. Ihr zufolge geht die Komplexität der entwickelten Welt, in der schließlich bewußtes Leben aufkommt, aus den Formgesetzen der materiellen Prozesse selbst hervor. Keines der beiden Konzepte läßt sich beweisen. Es läßt sich nicht einmal sagen, daß sie im Sinne empirischer Forschung und Theoriebildung überhaupt Hypothesen sind.

Das Konzept des Materialismus wird sicherlich auf alle absehbare Zukunft einen Wahrheitsanspruch geltend machen, der auch im informellen, latenten Denken der von Wissenschaft erreichten Menschen ernsthaft in Betracht kommt. Da er aber auf keine Weise zu einer demonstrierten Wahrheit werden kann, stellt sich nun die Frage, ob ihm, der in seiner konsequenten Form alle Lebensdeutungen beseitigt, ein Denken entgegentreten kann, das aus bewußtem Leben kommt und sich als Lebensdeutung ausbildet. Wäre dies unabsehbar, so würden dem Materialismus noch immer skeptische Besonnenheit widersprechen, im Bündnis vielleicht mit Traditionstreue, vielleicht mit Sektenlehren, die nicht imstande oder willens sind, in den Bewußtseinsstand ihrer Zeit einzutreten. Und dann gäbe es noch das auch uns bekannte instabile Gleichgewicht zwischen bangen Ahnungen und momentanen Durchblicken und der Weigerung, oder Unfähigkeit, im eigenen Leben das Denken aufkommen zu lassen, oder auch nur die Erfahrungen, welche in es nötigen.

Was aber wäre der Horizont einer möglichen Lebensdeutung der Zukunft? Wir sollten, da sie dem Materialismus am direktesten begegnet, eine solche erwägen, die auch darin gegenwärtig ist, daß sie das Faktum der vergegenständlichten Natur nicht leugnet, sondern durchgängig im Blick hat. Man kann meinen, daß sie an jene Entwicklungstheorie des materiellen Universums anzuschließen wäre, welche in seiner Form die Entfaltung zum bewußten Leben eingeschrieben sieht. Erwägt man diesen Gedanken im Lichte der anderen Tatsache, daß schon die Existenz der Materie Fragen aufwirft, die nicht selbst wissenschaftlicher Natur sind, so wird es ganz leicht, ihn mit einer monistischen Metaphysik zu verbinden, die auch das Herzstück einer der alten Lebensdeutungen gewesen war. Da die materielle Welt aus ihrer Form heraus zu bewußtem Leben tendiert, das sie aber nicht einbegreift, kann gesagt werden, daß sie nicht selbstgenügsam ist, sondern daß sie erst im bewußten Leben vollständig wird. Dies Leben wäre damit, wo immer es auftritt, in sich selbst legitim und gerade aus der Natur in seinem inneren Recht bestätigt. Des weiteren aber wäre zu denken, daß dieses Leben seinerseits erst vollendet ist, wenn es seine Einheit und Ruhe in der Erkenntnis und Annahme der ganzen Form der Welt findet. Dies wäre eine neue Version von Spinozas intellektueller Liebe des Gottes, der selbst die Natur ist. Sie würde zwar Zweifel auf sich ziehen. Daß sie aber Kern einer Lebensdeutung ist, die von Erfahrungen getragen wird, geht schon daraus hervor, daß sie – in verschiedenen Graden der Tiefe – von Dichtern wie Hölderlin und Rilke angenommen wurde.

Der Wiederkunft eines neuen Spinozismus steht aber eine Gruppe von Tatsachen entgegen, die seit der Jahrhundertmitte deutlich und eindringlich geworden sind. Über sie kann keine Lebensdeutung hinwegdenken, die in der Zukunft möglich werden sollte. Sie lassen sich unter der Formel »Übermacht des materiellen Alls über das bewußte Leben« zusammenfassen. Erst wir sind von der Einsamkeit des bewußten Lebens, sogar des Lebens selbst, im Universum überzeugt worden. Das achtzehnte Jahrhundert dachte sich noch Geisterwelten zu den neu entdeckten Sternensystemen. Und in der Phantasie der Denker und Musiker konnte die Unsterblichkeit als Wanderung durch Sternenwelten hin zur Vollendung konzipiert werden, – mehr als nur eine Entschädigung für den Verlust der Zentralstellung ihrer Erde im Kosmos, den Kopernikus den Menschen zugefügt hatte. Aber erst heute ist die kopernikanische Bilanz zu Ende gezogen: Wir leben in einem schwer lokalisierbaren Winkel der Unermeßlichkeit allein und für bemessene Zeit. Die Erde der Menschen wird in die Sonne stürzen und dann mit deren Massen in den Wärmetod des Universums gleiten. Wir haben gesehen und, so ist zu hoffen, begriffen, daß die Gleichgültigkeit der materiellen Prozesse gegen den Menschen von ihm selbst zum Vernichtungsblitz ausgelöst werden kann. Auch haben Menschen unserer Lebenszeit die Erde von einem anderen Stern aus gesehen, – ein sicher welthistorisches Ereignis. Frühere Jahrhunderte hätten in ihm Bestätigung für einen Weg in und zur Unendlichkeit gefunden. Aber die wichtigste Menschheitswirkung der Weltraumfahrt war, daß sie die unabwendbare Bindung des bewußten Lebens in einen kleinen und gefährdeten Winkel des Universums überwältigend deutlich gemacht hat.

Das Syndrom dieser Daten scheint den Materialismus ein weiteres Mal und nun definitiv zu bestätigen. Sie scheinen die Menschen dazu zu zwingen, ihr Leben als zufälligen Auswurf von in ihrer Möglichkeit unbegreiflicher, aber gegen dieses Leben gewiß gleichgültiger materieller Prozesse hinzunehmen, und das beste daraus zu machen, solange es gut geht. Aus dem Bewußtsein dieser kalten großen Wahrheit hat sich schon die kleine Lektion eines informierten Eudaimonismus entfaltet, – mit einem Lustprinzip ohne Rausch und Pathos, die sozusagen den Schmaus auf dem Vulkan empfiehlt. Es ist gewiß, daß sie viele Anhänger hat und haben wird, da sie doch imstande ist, etwas klaren Blick und Lebensfähigkeit unter Verzicht auf alles Weitere zusammenzubringen.

Aus der Entfernung von der Erde und dem Wissen von der Einsamkeit im Kosmos ist aber noch eine ganz andere Folge hervorgegangen: Die Fähigkeit, auch das Vertrauteste und Alltäglichste allen Lebens auf diesem Planeten wie eine Ausnahme von der monumentalen Nichtigkeit zu betrachten, die das Universum gerade hier und jetzt zugelassen hat. Die Erde und alles Leben auf ihr wird im Lichte seiner Unwahrscheinlichkeit und seiner Hinfälligkeit wie mit neuen Augen gesehen, die aber dennoch die Augen des modernen Bewußtseins sind. Denn ohne seine Dynamik, welche den Ausgriff in den Weltraum möglich und, als er möglich war, unwiderstehlich machte, und ohne die permanente Gegenwart des aus ihm gewonnenen Bewußtseins vom lebensleeren Universum würde die Zärtlichkeit gegenüber den endlichen

Erdendingen ohne die Grundlage in einem Gesamtbewußtsein sein, die sie zu etwas anderem macht als die natürliche Rührung durch die fragile Schönheit.

Vielleicht meint mancher, der neue Eudaimonismus im Selbstverhältnis und die Zärtlichkeit zum Lebendigen im Weltverhältnis mache selbst schon die Lebensform aus, die im Heraufkommen sei, als Nachfolger aller Lebensdeutungen und vielleicht auch als Suspens, wenn auch nicht als Vergessen der Dynamik der Modernität. Aber dann ist zu erwägen, daß sich diese Lebensform aus der Evidenz der Übermacht des materiellen Alls nur herleitet, ohne auf diesen ihren Ausgang noch weiter denkend einzugehen. Und es ist weiter zu beachten, daß diese Zärtlichkeit allem, was mit den Menschen lebt, eine Wichtigkeit zuteil werden läßt, die dann, wenn Leben gar nichts als ein zufälliges Muster in materiellen Prozessen wäre, jedenfalls ohne jeden kosmisch verankerten Grund sein würde. Ist das in ihr, was mehr als Rührung ist, vielleicht nur eine Ausdrucksform des Selbstmitleids des bewußten Lebens, das die Unfähigkeit, sein Dasein im Ganzen dessen, was ist, als gerechtfertigt zu begreifen, einzugestehen hatte?

Man kann finden, daß alles Verhalten, das sich von Kosmoswissen her begründen will, in der Zweideutigkeit seiner Motive verstrickt bleiben müsse. Wer so denkt, wird vorschlagen, daß die Menschheit in die Denktraditionen des Dualismus zurückfinden solle. Er orientiert das Verhalten an einer der materiellen Welt entzogenen Vernunftwelt von Formen, Normen oder »Werten«. Und er widerspricht dem Materialismus mit erkenntniskritischen Argumenten, die beweisen sollen, daß die materielle Welt nur eine Konstruktion zum Zwecke der Vergegenständlichung einer für adäquates Wissen unzulänglichen Wirklichkeit ist.

Die Argumente dieses Dualismus mögen stark und seine Fähigkeit, auch eine moderne Lebensform freizusetzen, mag erheblich sein. Es ist dennoch zu erwarten, daß er zu weit abweicht von den Evidenzen einer Menschheit, die in kosmische Dimensionen eingewöhnt ist und die in der Nutzung und der Bedrohung von elementaren Kräften der Materie lebt. Im übrigen scheint es, daß die Dimension der Bewußtheit zwischen leerem Universum, fragilem Leben und der Unbegründbarkeit alles Wirklichen aus letzten Ursachen selbst eines wirklichen Gedankens ebenso fähig wie bedürftig ist, – eines Gedankens also, der dieses Leben in einen letzten Zusammenhang stellt und der ihm darum zur Wahrheit werden kann.

Niemand vermag einer Lebensdeutung wirklich vorauszudenken. Wer sie antizipieren könnte, der hätte sie auch schon erschlossen. Aber wir können sagen, worin eine solche Lebensdeutung ihren Ansatz nehmen kann und worin sie von den früher erschlossenen Deutungen abweichen muß. Der Umriß einer möglichen Deutung, der sich so zeichnen läßt, wird immer noch mehr gegenwärtige als zukünftige Züge haben. Doch auch in dieser Form wird er etwas über Kommendes sagen: Die materielle Welt ist aus sich selbst unbegreiflich. Über ihre physikalische Theorie muß hinausgedacht werden, und dies könnte in der Form einer monistischen Entwicklungslehre geschehen. Aber auch die hat nun zweierlei anzunehmen: daß Bewußtsein in der Theorie nicht herleitbar ist UND daß wirkliches bewußtes Leben in kosmischer Randstellung aufkommt. Diese beiden Tatsachen lassen sich wieder in einer bedeutsamen Konstellation sehen. Um sie aber in einem wohlgeformten Gedanken aufzunehmen, müßte zuvor eine neue Begriffsform entfaltet werden, die zu einer metaphysischen Aussage befähigt. Mit den begrifflichen Mitteln, die uns schon zur Verfügung sind, bezeichnen wir sie am besten als *umgekehrte Teleologie.* Im Gegenzug zur auf Leben zentrierten Lehre, derzufolge alles Wirkliche aus Zweckorientierungen zu verstehen ist, aber auch zum Interpretation auslöschenden Materialismus. Einige Sätze, die in dieser Form des Begreifens wahr sein würden, sind die folgenden: Nicht dort, wo Notwendiges verwirklicht ist, kommt eine Entwicklung in ihr Ende, sondern dort, wo sie imstande ist, Zufälliges aus sich freizusetzen. Nicht dort, wo sich ein Mannigfaltiges zur geschlossenen Ganzheit fügt, ist es vollendet, sondern dort, wo ein Ganzes aufbricht und aus in ihm selbst unvermittelbarer Doppelung zwar auf Einheit hin, aber nie als Einheit existiert. Nur das, was endet, ist im ganzen Ernst höher als was nur dauern und sich wiederholen kann. Und darum ist auch nur in dem Erkenntnis, was selbst vergeht. Da Menschenerkenntnis nicht selbst Kosmosgesetz ist, erkennt sie in anderen Formen bewußten Lebens den gleichen grundlosen Ursprung und damit den gleichen Rechtsgrund. Kein anderer als der exzentrische Ort ist als der dem bewußten Leben gemäße zu begreifen. Und nur das kosmisch Entbehrliche ist als solches wesentlich.

Wir haben nicht zu erkunden, auf welche Weisen ein bewußtes Leben aus solcher Deutung eine Form gewinnen könnte. Aber gewiß wäre sie eine Lebensdeutung, die dreierlei erfüllt: der Bewußtseinslage der Modernität zu entsprechen, die Tatsachen der kosmischen Randstellung des Lebens anzuerkennen und aufzunehmen und nicht in die kleine Lebensklugheit später Söhne der Erde und der Modernität auszuweichen, welche im Abseits von den Sinnfragen der Menschheit platzgenommen hat. Für uns selbst mag sie auch dadurch als Lebensdeutung beglaubigt sein, daß es in ihr möglich ist, die Solidarität mit dem verlorenen Leben zu wahren. Ich wage zu sagen, daß kein Gedanke auch für uns eine letzte Bewährung haben kann, von dem wir nicht denken können, daß in ihm ein Opfer im anonymen Massentod und -mord noch sein Leben hätte sammeln können. Eine Lebensdeutung ist dann gewiß nicht wahr, wenn sie nur für Davongekommene Geltung hat.

Was immer aber über diese Skizze des metaphysischen Kerns einer möglichen Lebensdeutung zu denken ist und wie immer sie in einer philosophischen Theorie, die auch bewußtes Leben als solches versteht, verankert werden kann, – sie mag doch helfen, davon zu überzeugen, daß das Potential von Lebensdeutung nicht erschöpft ist. Ihr bleibt eine Zukunft. Wir haben nicht zu vergessen, daß bewußtes Leben unabdingbar auf Deutung ausgreift. Solange es nicht zerstört oder dauerhaft niedergehalten ist, wird es spontan auf sie hindenken. Und es besteht aller Grund zu der Erwartung, daß dann, wenn Deutung überhaupt möglich ist, die Denkkraft des bewußten Lebens sie auch freisetzen wird.

Unsere Zeit ist mit der der neolithischen Weltveränderung zu vergleichen. Damals kam die Menschheit aus ihrer Abhängigkeit von den Gütern heraus, welche sich sammeln und erlegen lassen. Mit der Domestikation von Tier und Feuer, mit Ackerbau, Wasserwirtschaft und Städtegründung gewann sie neue Macht, aber auch ein ganz neues Bewußtsein einer anderen Art von Abhängigkeit. Die magische Welt zerbrach und die Lebensdeutungen der symbolischen Weltbilder kamen ins Dasein, – ein Prozeß von vielen Jahrhunderten. Wir müssen uns klarmachen, daß die Zeit dieses Übergangs nicht lange zurückliegt. Kosmisch und selbst menschheitsgeschichtlich ist sie von ganz unbedeutender Länge. Und schon darum haben wir keinen Grund, die Krise zur Modernität als Scheitelpunkt in der Entfaltung des bewußten Lebens zu überzeichnen. Die Rationalität der doppelten Reflektiertheit breitet sich jetzt um diesen Erdball aus. Es ist von Bedeutung, daß dies nicht stumm und somit gewalttätig geschieht. Der Gewalt stehen die Mittel zum Desaster der Menschheit zu Gebote. So ist es lebenswichtig, daß kein Wahnsinniger zum Zuge kommt, der meint, das Universum sei vom Makel der Bewußtheit zu reinigen. Moderne Gesellschaften sind funktional aufgegliedert und nicht durch die symbolischen Weltdeutungen zusammengeschlossen. Aber deshalb muß bewußtes Leben nicht in die Latenz gedrängt und zur Selbstverständigung unfähig werden. Man darf und muß auf die Kraft eines Denkens vertrauen, das es aushält, bewußtes Leben und das Ganze der Welt unverkürzt zu vergegenwärtigen. Und es ist daran festzuhalten, daß ein solches Denken und im eigentlichen Sinne nur es wahrheitsfähig ist. Darum gibt es keinen Grund, denen nachzugeben, welche uns in verlorene Weltdeutungen zurück einladen oder in mit politischer Macht verwaltete Zweckkonstruktionen zwingen wollen. Und es gibt auch keinen Grund, den anderen zu folgen, welche die Zukunft des Denkens in irgendeiner Form von politischer Befreiung aufgehen sehen. Gerade die Freiheit hat ohne weltausgreifendes Denken am wenigsten Halt. Wir haben die Möglichkeit eines Denkens, das sowohl weltausgreifend als auch Selbstverständigung ist, in einer kritischen Phase seiner Geschichte offenzuhalten. Das ist alles andere als nur die Sache der Philosophen. Denken, das auf ein Ganzes geht, ist eine Sache der Menschheit.

Selbstaufklärung der Vernunft

I.

Die Philosophie entsteht aus Verwunderung und Besorgnis. Sind wir verwundert oder besorgt, so verlangen wir danach, mehr zu wissen und möglichst ganz zu wissen, – doch auf unterschiedliche Weise. Sind wir verwundert, so ist unsere Aufmerksamkeit und unser Wissensverlangen auf etwas gezogen, das in sich, nicht nur für uns bedeutsam ist. In dieser Bedeutsamkeit läßt es anderes gleichgültig werden, noch bevor wir wissen, was seine Bedeutsamkeit eigentlich ausmacht, was es also mit dem, was verwundern macht, auf sich hat. Verwundertes Wissenwollen ist unbefangen und an seine Sache verloren.

Anders verhält es sich mit dem Wissenwollen, das aus Besorgnis kommt. In ihm ist der, der zu wissen verlangt, in sich selbst zentriert; daß er nicht weiß, scheint ihn zu gefährden. Und so ist er insoweit auf Wissen aus, als dies Wissen ihm Versicherung sein kann. Nicht die ganze Sache, sondern die ganze Klarheit über sie treibt dazu, nach ganzem Wissen von ihr zu verlangen.

Besorgnis und Verwunderung gehören aber zueinander. Sie ergeben nicht zwei Weisen von Wissendsein. Und sie begründen nicht aus doppelter Verursachung ein kraft seiner Herkunft dann ambivalentes Wissen. Die Selbstbeziehung der Besorgnis und die Sachlichkeit der Verwunderung kommen zuletzt nur auf ein und dieselbe Weise in ihr Ziel. Daß es so ist, dafür steht die Wirklichkeit der Philosophie. Eine ihrer Aufgaben ist es, auf die Frage zu antworten, warum es sich so verhält.

Schon an ihrem Ursprung ging der eine Weg der Philosophie aus beiden Ursprüngen hervor. Die griechischen Stadtrepubliken Joniens, in denen das Philosophieren aufkam, lebten in der freien Bewußtseinsstellung der seefahrenden Händler, die als solche Himmelskundige waren, – aber auch in der Bedrohung ihrer Lebensform durch die expandierenden Großstaaten in ihrer Nachbarschaft.

Schon vereinigt in dem einen Wissensweg der Philosophie lassen sich beide Ursprünge wiedererkennen in ihrem doppelten Bemühen: daß sie ihre Sache ganz und erschöpfend begreift, UND daß sie von ihr angemessen und nicht irregeleitet spricht. Was in sich zur Klarheit gekommen ist, ergibt als solches noch nicht ein verläßliches Wissen. Und wer gesichert und erschöpfend sagt, was er einsieht, kann noch immer die Sache verfehlen, die zur Sprache kommen müßte, oder so von ihr sprechen, daß seine Einsicht diese Sache verkürzt oder verstellt. Klarheit und Verläßlichkeit, Einsicht und Gewißheit verlangen einander wechselweise, wenn die Sache des Wissens zur Gänze zu wissen verlangt. Aber gerade in der Richtung auf ein solches Ziel, in dem sie sich vereinigen müßten, können sie sich am meisten voneinander entfernen. Auch das zeigt der Weg, den die Philosophie wirklich genommen hat: Ihrem Ursprung aus Besorgnis entspricht ihre Erscheinungsform als durchgreifende Kritik. Ihrem Ursprung aus Verwunderung ihre Erscheinungsform als integrierendes Denken. Kritik und Integration sind voneinander abhängig, aber auch gegeneinander zur Geltung zu bringen.

Philosophie hat die Aufgabe radikaler Nachfrage. Als solche ist sie die Suche nach schlechtweg grundlegenden Einsichten und somit nach einem Bereich, in dem solche Einsichten auszuweisen sind, aber so, daß sie sich in dieser Suche vergewissert durch die Zurückweisung aller der Annahmen, die in folgenreichem, aber unbegründetem und unvertretbarem Gebrauch sind. In philosophischer Verwunderung wurzelt diese Kritik dann, wenn sie nicht nur die innere Haltlosigkeit des Unbegründeten nachweist, – wenn sie vielmehr einen Bereich erschließt, von dem her sich wirklich erklärt, was eigentlich auch im irregeleiteten Denken, wenngleich ohne wahre Antwort, in Frage steht. Und dieser Bereich ist insofern der, der auch die Philosophie als Integration ermöglicht.

Integration ist das andere Ziel der Philosophie: Sie muß wohlbegründete Einsichten untereinander und mit unabweisbaren Fragen so zusammenbringen, daß sich ein Ganzes des Verstehens ergibt, das selbst nicht mehr radikale Nachfrage auf sich zieht. Insofern sie diese Nachfrage aber ausdrücklich ausschließt, muß sie selbst von der Kritik her ermöglicht sein.

Integration in dem formalen Sinne der umfassenden und wohlbegründeten Zuordnung gerechtfertigter Meinungen entspricht dem, was in neuerer Zeit von der Philosophie erwartet wurde, insofern sie ›System‹ sein sollte. Dieses Wort und die Erwartung, die in es eingeht, macht die Spannung wohl am deutlichsten, die zwischen der einen Natur der Philosophie, in der sie Integration ist, und ihrer anderen Natur herrscht, in der sie Kritik ist. System und Kritik, – wie soll sie nicht nur beides zugleich sein, sondern beides in einem erfüllen?

Sowohl aus der Orientierung auf radikale Nachfrage wie aus der auf ganzes Verstehen kommt die Philosophie in die Gefahr, die Problemlage zu unterbieten, durch die sie definiert ist. Als radikale Nachfrage setzt sie die Möglichkeit zum Reduktionismus frei: Sie weist hinter dem, was verläßlicher Ausgang zu sein schien, eine vergessene, vermiedene oder verdrängte Sache auf; so etwa hinter den einzelnen Dingen, ihren Eigenschaften und Veränderungen, die Atome und ihre Bewegungsgesetze, hinter den anscheinend unhintergehbaren Regeln der Veränderung in der Welt die ganz anderen Regeln der Assoziation der Vorstellungen, hinter den nur scheinbar selbstevidenten Verhältnissen der Vorstellungen die ganz anderen Verhältnisse, in denen sprachliche Ausdrücke zueinander stehen. Ist eine solche Dimension des entlarvenden Rückganges erreicht und erschlossen, so wandelt sich die überlegene Einsicht zum Reduktionismus dann, wenn sie den gelungenen Rückgang als die ganze Erkenntnis von allem erklärt, was überhaupt in Frage stehen könnte.

Aber noch stets ist die Philosophie sich selbst in der Gestalt der radikalen Nachfrage, die zum Reduktionismus wurde, auch wieder in den Weg getreten, – nicht unvermittelt als Integration, aber im Festhalten an deren Anspruch und in einer Form des Denkens, die als »Rettung der Phänomene« schon seit Platon zum Bestand ihrer Tradition gehört. Jacobi benannte diese Aufgabe der Philosophie in einem schönen Wort: sie habe »Dasein zu offenbaren«. So ist sie Aufweis des Wirklichen in seiner wirklichen Komplexion, damit zugleich Nachweis, daß das Ergebnis, zu dem die radikale Nachfrage gelangte, keine selbstgenügsame Versicherung für die Philosophie als ganze bedeuten kann.

Die Philosophie, die sich unmittelbar als Integration ausbilden will, läuft in die umgekehrte Gefährdung: Denn Integration ist anderes als addierende Ausführung von Einsichten und Tatsachen. Integriertes Wissen ergibt sich nur, wenn deutlich gemacht wird, in welcher Weise Einsichten und Tatsachen in Beziehung aufeinander eintreten. Das wiederum verlangt, daß diese Weise bestimmt wird, daß also auch die Prinzipien deutlich werden, nach denen sich solche Beziehungen ausbilden. Der Ausgriff auf wirkliche Prinzipien scheint aber nur auf dem Weg zu gelingen, welcher eigentlich der der radikalen Nachfrage ist. Versucht Philosophie die Integration defensiv als Rettung der Phänomene und im übrigen unmittelbar als System, so bindet sie sich an die Oberfläche dessen, was eingesehen werden kann. Sie sucht Universalität in ihren Aussagen über Wirkliches um den Preis des Verzichtes, auf letzte Gründe des Wissens und auf die in Wahrheit erschließenden Tatsachen zurückzukommen; – so wie sie rein nur als Kritik ein Fundament aufgräbt, indem sie das Wissen davon wegarbeitet, was es heißt, in Bauformen zu denken.

So erweist die Unmöglichkeit, daß eine der beiden Grundorientierungen der Philosophie allein aus sich selbst heraus und gegen die andere als wirkliche Philosophie gelingen kann, was sich schon aus der geschichtlichen Wirklichkeit der Philosophie ergab: Die Integration der Philosophie kann nur profund sein, sofern sie als solche zugleich auch Kritik ist. Die Kritik aber verwirklicht sich philosophisch nur als System.

Damit ist, ohne ein Theorem Kants in Anspruch zu nehmen, ein erstes Mal, vorläufig, aber doch von ihrem Zentrum her, die Grundstellung der Kantischen Philosophie erreicht. Der Sinn des Wortes ›Kritik‹ hat sich in Kants Denken dahingehend verwandelt, daß es seine nunmehr spezifisch philosophische Bedeutung verliert, sofern nicht die Komponente des auf Integration ausgreifenden Denkens in ihm mit gehört wird.

Was aber ist Kritik, insofern sie im integrativen Sinn dieses Wortes nunmehr systematisch zu sein hat? Die mindeste Bedingung dafür, daß auf diese Frage geantwortet werden kann, ist eine Aussage über die Täuschungen und Irrwege des Denkens, welche die Kritik abweist und verschließt: Sie können sich nicht aus Schwäche der Denkkraft oder zufälligem Fehlgehen erklären. Wären die Täuschungen in einem Verfehlen oder in fremder Irreführung begründet, so könnte die Kritik, welche sie aufdeckt, niemals in dem Sinn systematisch sein, in dem die Philosophie als Integration systematisch ist. Nur wenn das Denken so beschaffen ist, daß aus den gleichen Quellen, aus denen die Einsichten kommen, welche in der Integration zusammenzubringen sind, auch die Täuschungen hervorgehen, welche die radikale Nachfrage hinter sich zu bringen hat, ist zu verstehen, daß Integration und Kritik nicht nur aufeinander bezogen und voneinander abhängig, sondern daß sie in ihrem Wesen ein und dieselbe Sache sind.

Die Quellen der Täuschung, denen das vernünftige Denken verfällt, entspringen in ihm selbst. Kants Philosophie ist die erste, welche diesen Grundsatz, der sowohl über die Natur der Philosophie wie auch über deren Methode orientiert, in einem ganz prinzipiellen Sinn aufgestellt hat, der in keiner Weise metaphorisch aufzufassen ist. Wir haben allen Grund zu meinen, daß unsere Kapazität zu rationaler Durchdringung sowohl der Welt als ganzer wie der Natur der intelligenten Prozesse selbst eingeschränkt ist. Denken ist genetisch zuerst auf Versorgung von Lebenswegen und auf Verhütung von Gefährdungen angelegt, geht also in die Welt und nicht auf sie und sicher nicht auf sich selbst. So ist zu vermuten, daß es ins Stocken kommt und daß ihm begriffliche Ressourcen fehlen, wenn es auf Totalität und Reflexion umorientiert wird. Aber einen Grund haben für die Annahme, daß die Erkenntnisfähigkeit Grenzen hat, ist ganz etwas anderes als die Täuschungen des Denkens in ihrem Verlauf und aus ihren Quellen zu begreifen, – und das im ganzen Zusammenhang dessen, in dem Täuschungen mit der auch ihnen eigenen Rationalität sich ergeben.
Und dies ist das eigentlich Entscheidende im Kantischen Konzept von Philosophie, durch das es sich von allen anderen unterscheidet, in denen Philosophie als Kritik geübt wird, ohne darin zugleich als Integration verstanden zu sein: Täuschungen sind als solche rational, – nicht nur in dem Sinne, daß sie der Vernunft zustoßen, sondern in dem Sinne, daß sie aus der Vernunft als solcher hervorgehen. Vernunft ist überhaupt nur so zu denken, daß sie aus sich selbst zu Konzepten gelangt, die definitiv anzunehmen ihr versagt, denen auch entgegenzutreten ihr geboten ist. Und insofern sie versteht, wie solche Konzepte sich ergeben, und indem sie über sie hinauskommt, insofern sie sie in ihrem Zusammenhang begreift, ist sie als Kritik und in einem mit ihr zugleich auch Philosophie als Integration.
In diesem Gedanken bringt Kants kritisches System nicht

nur die beiden Motive, welche das Wesen der Philosophie von Beginn an ausmachten, in der Einheit eines begründeten Begriffs von ihr zusammen. Er leitet auch die Motive, welche die eigentümliche Bewußtseinsstellung des modernen Denkens ausmachen, in einen theoretischen Ausdruck über. Die moderne Philosophie ist aus Programmen der radikalen Nachfrage hervorgegangen. Sie erkannte, daß weltbefangenes ebenso wie in direkter Rede welttranszendierendes Denken weder zu den letzten Elementen des Wirklichen noch überhaupt zu wirklichen Gedanken vom Letzten gelangen kann. Und sie machte deshalb zum Kriterium für jede Begriffsform, welche die Aussicht haben soll, von der Oberfläche der Dinge und von Täuschungen freizukommen, daß sie die Natur des bewußten Lebens und der intelligenten Leistungen selbst ursprünglich thematisiert und von ihnen selbst her begreift, – sie also nicht nur in eine von der Welt her gewonnene Begriffsform schließlich auch einbezieht wie ein Wirkliches unter anderen. In diesem Sinne ist die dem neuzeitlichen Denken eigentümliche Verwunderung auf eine reflektierte Beziehung des Denkens zu sich selbst begründet. Aber dennoch ist die Kritik der Denker, die das neuzeitliche Denken in Gang gebracht haben, nach außen orientiert. Sie rechneten mit der Täuschbarkeit des Denkens selbst, fanden den wirklichen Grund der Täuschung aber in eigener Schwäche und im Interesse von Mächtigen am Fortbestand der Dunkelheit. Folglich mußte auch der Ruf zur Aufklärung, der von ihnen ausging, einen polemischen Klang haben: Aufklärung ist Kampf gegen Verirrung, die verschuldet ist, weil sie gewollt wurde und noch wird.

Kants Ruf zur Aufklärung bewahrt die theoretischen Ausgangsevidenzen der Gründer der Modernität, gibt aber auch noch der Philosophie als Kritik, die Aufklärung als solche definiert, eine rein theoretische Bedeutung: Aufklärung ist der Prozeß, in dem sich in der Vernunft und hinsichtlich ihrer selbst das Licht der Einsicht ausbreitet. Anders als

Sturm und Flut hat das Licht, sofern es eintritt, nichts zu vertreiben. Vor ihm vergeht das Dunkel, aber das Dunkel ist auch nur Defizienz, wie immer auch folgenreiche. Im aufgehenden Licht aber erscheint alles, also auch die Täuschungen und ihre Ursprünge, als das, was es ist, und also an dem ihm eigentümlichen Ort. Eine Kritik, die sich als Integration vollzieht, kann nur abwehren, indem sie von der Wurzel her aufnimmt und begreift. Die wohl wichtigste Grundmaxime kritischen Philosophierens ist: Irrtümer, die als solche philosophisch sind, dürfen nicht nur abgewiesen werden; es ist vielmehr aufzuklären, woher sie samt der Überzeugungskraft eigentlich aufkommen, die auch ihnen wirklich eignet. Darum ist das Verhältnis der kritischen Integration auch noch zu den Irrwegen des Denkens im Grunde ein affirmatives. Das heißt nun zunächst und in vorläufigem Verständnis: Da die Vernunft als solche sie produziert, gehören sie in den Inbegriff dessen, was Denken als solches ausmacht. Gäbe es sie nicht, so auch nicht das Denken, in Beziehung auf das und als das Philosophie unentbehrlich ist.

Es ist wichtig zu sehen, daß mit diesem Gedanken der Sinn von Vernunft selbst einen dynamischen Charakter gewinnt. Und auch er stellt den Vernunftsinn wiederum in einen Zusammenhang mit den Ausgangsevidenzen des modernen Bewußtseins: Vernunft ist nicht nur Selbstbewegung, sondern als Bewegung aus sich zugleich auch in einer Bewegung gegen sich begriffen. Ebenso wie sie wesentlich Wege der Einsicht öffnet, die als solche nur vermeintliche sind, erschließt sie auch den ihr eigentümlichen Weg der Selbstaufklärung. Den aber kann sie nur einschlagen, nachdem sie sich in jenen anderen Wegen verloren hatte. So hat die Philosophie nur deshalb eine Geschichte, weil Geschichte überhaupt der Vernunft nicht auferlegt ist. Sie ist ihr wesentlich und, sofern sie Geschichte von Wegen des Denkens ist, nur von ihr selbst ermöglicht.

Kant hat gegenüber der Reflektiertheit im Denken der früheren Moderne eine zweite Stufe der Reflektiertheit erreicht und ausdefiniert. Vernunft ist nicht nur die Grundlage eines bewußten Lebens, das seiner selbst inne ist und darum imstande, die Verstrickungen zu durchschauen und aufzulösen, in die es geraten mag. Sie ist in Beziehung auf sich das, was zuvor nur das ganze Leben zu sein schien, das seine Hoffnung auf Klarheit auf Vernunft zu setzen hatte: Sie ist die Quelle, aus der Illusion und Einsicht gleichermaßen entspringen.

Kant hat an der Schwelle zu einer dritten Reflektiertheit gestanden, und zwar in dem Sinne, daß er ihrer Evidenz entgegenwirkte, ohne doch versucht zu sein, sich selbst auf sie im Ernst einzulassen. Diese dritte Reflektiertheit kennzeichnet alle die Denkformen, die den von Kant nur verwandelten Vernunftsinn als solchen unter Täuschungsverdacht stellen. Für die Generation, welche der der Generation der großen Schüler Kants nachfolgte, hieß ›Aufklärung‹ nicht mehr Befreiung der Vernunft aus ihren Täuschungen, sondern Befreiung von der Täuschung, welche die Vernunft selbst ist. Und Vernunft als solche wäre dann Täuschung, wenn sie nur vorgeben könnte, aus sich auf ein Ganzes von Einsicht orientiert zu sein und dann auch durch sich aus dem Inbegriff von Täuschung befreit sein zu können. Ist Intelligenz nur Funktion in der Erhaltung von Individuen, Populationen oder Arten in einer Natur, die materiell und als solche zuletzt nicht intelligibel ist, so kann die Aufklärung über ihr Wesen nur zum Verlust der Erwartung führen, Vernunft sei als solche ein Medium schließlich gelingender Verständigung, in dem Verwunderung sich erfüllt und Besorgnis verschwindet. Mit Recht ist deshalb von jedem konsequenten Denker der dritten Reflektiertheit behauptet worden, daß deren Aufstieg zur ganzen Wahrheit mit dem Ende der Philosophie selbst schlechthin zusammenfallen müßte.

Kant sah die Möglichkeit dieses Gedankens. Er war für ihn nicht im Beweissystem, wohl aber in der eigentlichen Konsequenz von Baruch Spinoza vorausgedacht: Daß es nämlich am Ende mit der ganzen Selbstverständigung der Vernunft nichts auf sich haben werde, daß ihr letzter Gedanke nur dem gelten könne, ›in den Schlund des zwecklosen Chaos der Materie zurückgeworfen zu sein, aus dem sie gezogen ward‹ (vgl. Kritik der Urteilskraft, Originalausgabe 428). Kant ist dieser Erfahrung und dem Verdacht, den sie hegen läßt, nicht mit den Mitteln entgegengetreten, die er zu dem Zweck entwickelt hatte, täuschenden Theoriekonzepten der Vernunft ihre Kraft zu nehmen, indem er ihnen nämlich ihren Platz in der Verfassung der Vernunft bestimmte. Nur in der ganzen Form seines Systems und in der besonderen Weise, in der es die Unhintergehbarkeit der Vernunft zu sichern versucht, kann die Philosophie selbst und konnte auch Kants Denken auch noch die dritte Form der Reflektiertheit erreichen und aushalten, ohne deren Konsequenz zu bestätigen und einzustimmen in die Proklamation, welche das Ende aller Selbstverständigung im Denken ausruft. Eine Darstellung kantischen Denkens kann nur dann gegenwärtig sein, wenn sie diesen Zug in den Vordergrund bringt, der bei Kant selbst überall gegenwärtig, aber nirgends ausdrückliches Thema ist.

II.

Ist von Selbstverständigung vor solchen Alternativen die Rede, so tritt auch klar heraus, daß die Motive wie die Methoden der Philosophie niemals nur der Wissensermittlung und der Wissenssicherung gelten. Verwunderung ist mehr als das Aufkommen einer Problemstellung, Besorgnis ist anderes als Folge der Verpflichtung auf den Wahrheitssinn. Die Philosophie beginnt schon mit der Aussicht und mit der Frage, daß und wie sich bewußtes Leben im Blick auf alles, was wirklich und bewahrheitet ist, selbst verstehen und in solchem Verstehen in seiner Lebensbewegung von Beirrungen freiwerden kann. Aufklärung als Hellwerden der Vernunftform schließt darum ebenso das Hellwerden der Konturen eines zu Einheit und darin zur Sicherheit gebrachten bewußten Lebens ein.

Daß aber bewußtes Leben beirrt und auf Selbstverständigung angewiesen ist, hat Gründe, die denen genau entsprechen, welche die Vernunft zur Selbstaufklärung führen. Wir kennen nicht nur vielerlei Neigungen und Interessen, die miteinander im Konflikt stehen. Wir wissen auch, daß sie in die verschiedensten Lebenspläne eingebracht werden können, die sich wechselweise ausschließen. Und schließlich wissen wir, daß diese Lebenspläne auch mit Lebensdeutungen verbunden und aus ihnen gerechtfertigt werden können, die ihrerseits sich wechselweise in Frage stellen. Wer sein Leben mit kleinen Vergnügen oder großen, aber zwecklosen Leistungen dicht füllt, akzeptiert, ausdrücklich oder implizit, eine Lebensdeutung, die sich unvereinbar von anderen unterscheidet, – etwa der des Lebens, das seinen Zusammenhang darin hat, einem Toten die Erinnerung zu bewahren, oder des Lebens, das die Kraft seiner Leistung und weltzugewandten Güte aus einer dauerhaft gelungenen Liebesbeziehung gewinnt, oder des anderen, das die Not der Einsamkeit in die Affirmation des tapferen Durchstehens oder, ganz anders, in Gruppenaktionismus umwendet. Metaphysik, sofern sie nicht nur in Gedanken erwogen oder in Worten nachgesprochen, sondern im Leben angeeignet ist, ist alles andere als wirklichkeitsfern. Sie ist überall dort wirksam und sogar unentbehrlich, wo bewußtes Leben als solches einen Lebensweg einschlägt und in ihm sich versteht.

Aber solcher Wege sind viele. Wer nicht das Denken aus Gewohnheit oder Scheu, die mit der Gewohnheit im Bunde steht, niederhält, der kennt wohl die Ausgangspunkte der Wege, die nicht die seinen sind; und er weiß, unter welchen

Umständen sie auch die seinen hätten werden können. Und jeder kennt die Klarheit, die sich ausbreitet, wenn er aus der Erfahrung anderen Lebens ein luzides Wort darüber begreift, wie die Dinge wirklich sind, – auch wenn es sein eigenes Lebenskonzept ins Wanken bringen müßte.
Solcher Erfahrung ist nicht damit zu genügen, daß man sich bereit findet, dem anderen wie sich selbst das jeweils Seine zu lassen. Denn dieser Vorschlag zur Güte ist in Wahrheit der Vorschlag zur Einigung darauf, daß das bewußte Leben eigentlich ganz und gar ohne Ernst ist, – so als fände es sich nur irgendwie auf irgendeinem Weg und müsse nun seine Vernunft gebrauchen, um der Torheit zu widerstehen, ihn (mit ruinösen Folgen) in Frage zu stellen oder gar zu verlassen. Das Wissen von der Vielzahl der Lebensmöglichkeiten und von der konfligierenden Natur der Lebensdeutungen, in denen diese Wege zu rechtfertigen sind, kommt im bewußten Leben selbst auf, und zwar kraft seiner Vernunftnatur. Eine Vernünftigkeit, die nur die Vernunft des bewußten Lebens beschwichtigen und niederhalten soll, wird also schwerlich in die Tiefe dieses Lebens wirken.
Darum kann der Sinn von Philosophie, der über theoretische Integration und Kritik hinausgreift, auch nicht in dem Bild vom Philosophen aufgehen, der gelernt hat und lehrt, sich den Konflikten des bewußten Lebens zu entziehen, – sie der Eitelkeit und der Gleichgültigkeit zuzuschreiben und zu überantworten, gleich ob dies besonnen, ironisch oder entrückt geschähe. Dies Bild ist von kynischen und stoischen Traditionen geprägt, läßt aber die des platonischen Sokrates unberücksichtigt. In diesem Bild ist der Gebrauch der Vernunft zwar einzige Quelle des beruhigten Lebens. Aber Vernunft ist in ihm auch nur Medium des Abstoßes und des Rückzuges, somit in Beziehung auf das, was aus Vernunft zu verarbeiten ist, letztlich instrumentell gedacht: Die Lebenstendenzen und Lebenskonflikte des bewußten Lebens erscheinen vor diesem Vernunftbegriff als Weltbefunde ohne

vernünftigen Rechtsgrund, so wie ihm auch die Lebensdeutungen des bewußten Lebens entweder ganz entgehen müssen oder aber nichts als vernunftswidrige Idole zu sein haben. In ein Leben, das unter diesem Vorverständnis angesprochen wird, kann nur eine Ordnung durch Registrierung und empirische Erklärung gebracht werden, nicht aber durch Aufklärung in dem von Kant definierten Sinn.

Findet aber bewußtes Leben Aufklärung in kantischem Sinne, so werden seinen konfligierenden Lebenstendenzen und Lebensdeutungen ihrer eigenen Intention gemäß auch in diese Aufklärung Eingang finden. Und das ist überhaupt nur dann möglich, wenn der Vernunftbegriff, der diese Aufklärung leitet, weder instrumentell noch linear angelegt ist. Er muß von vornherein Vernunft als einen Inbegriff von Prinzipien und Denkweisen auffassen, die voneinander auch dann dependieren, wenn sie durch die Thesen und Annahmen, zu denen sie führen, gegenläufig und in ihrem Sachgehalt solange unvereinbar sind, wie Aufklärung nicht in Gang gekommen ist. Nur in ein philosophisches System, dessen Vernunftbegriff so verfaßt ist, daß er gegenläufige Vernunftintentionen einschließt, lassen sich die Verstehensweisen und die Verlaufsform des bewußten Lebens selbst einschreiben. Nur es bietet Raum für eine grundlegende Konkordanz von Wissen und bewußtem Leben.

Zu den Einsichten, welche das moderne Bewußtsein ausgebildet und festgemacht hat, gehört, daß Verständigungsformen gleicher Legitimität nicht nur voneinander verschieden sind, sondern daß sie einander ausschließen. So ist es für die Art, in der moderne Denker ihre Probleme vorstellen, charakteristisch, daß sie Prinzipien und Diskurse nicht einander über- oder unterordnen, sondern daß sie sie einander entgegenstellen: Metaphysik überhöht nicht Naturforschung, sondern wird von ihr in Frage gestellt, die Methode der Mathematik erschließt alles Erkennbare oder sie ist ganz ohne Erfahrungsgehalt. In ganz anderen Bereichen wiederholt sich die gleiche Form der Opposition: Die Alten sind Muster oder überlebt, die Moral gründet sich im freien Selbstsein oder in der liebenden Hingabe.

Man sieht solchen Oppositionen an, daß sie nicht zugunsten einer ihrer Alternativen aufgelöst, daß sie aber auch nicht zur Gänze verworfen werden können. Aufzulösen sind sie nur in einen Vernunftbegriff, der sie zugleich einbegreift, damit aber auch einer jeden der Alternativen, welche die Opposition ausmachen, das ganze eigene Recht bestätigt. Ein Vernunftbegriff, der solches zu leisten vermag, stand vor Kants kritischer Philosophie nirgends zur Verfügung.

Der Begriff von Philosophie, der eines solchen Vernunftbegriffes bedürftig ist, war allerdings schon viel früher begründet worden, – und zwar im Denken Platons. Platons Werk geht durchweg darauf aus, die Grundtheorie der Philosophie so anzulegen, daß von ihr aus die ganze Verständigungsbewegung der Seele selbst verstanden werden kann. Und so ist auch die Lehre der Philosophie von ihm so angelegt, daß in ihr nicht nur der Verstand zur Erkenntnis kommt, sondern die Form der ganzen Seele sich daraus versteht, daß sie wissend ist. In einer Periode, der Platon fremd geworden war, ist Kants Denken mit dem platonischen wirklich durch einen direkten Rückgang über die beiden Jahrtausende hinweg verbunden.

Solches Wissen kann aber unmöglich mit Hilfe eines Vernunftsinnes beschrieben werden, der bipolar angelegt ist, der also Nichtwissen nur als Defizienz und Wissen als spannungslose Klarheit in den Blick bringen kann. Der Vernunftsinn muß jene Dynamik einschließen und sie selbst als einen Vernunftprozeß beschreiben, von der zuvor schon die Rede war, – als eine Eigentümlichkeit sowohl der Kantischen Konzeption wie auch der entfalteten modernen Bewußtseinsstellung. Nur kraft dieser Dynamik kann den konfligierenden Einsätzen für Deutungen und für Lebenstendenzen ihr Recht bestätigt und zugleich ihr Potential zur

Zerstörung der Vernunftfähigkeit des Lebens genommen werden. Es muß dem bewußten Leben das Vernunftrecht gegeben werden, hinsichtlich seiner Denkformen und Lebenstendenzen zweierlei Standpunkt zu beziehen: Der erste Standpunkt ist der, auf dem sich eine Diskursform aus der Logik ihrer Prinzipien entwickelt, dann aber auch in den Konflikt mit ihrem Widerpart gerät, den sie nicht zu beherrschen vermag. Der zweite Standpunkt ist der der Kritik durch Integration: Der Ort des Einsatzes der gegenläufigen Diskurse wird bestimmt. Damit entfällt das in ihrem Anspruch, was sie zu in ihrer Gegenläufigkeit einander ausschließenden macht. Diesem Anspruch wird die Legitimität gerade dadurch entzogen, daß der Diskurs als solcher seine eigentliche Legitimität zugesprochen erhält.

So erlaubt und verlangt die Dynamik im Vernunftsinn es, daß sich sogar der Sinn der vernünftigen Diskursformen selbst im Laufe der Verständigung über sie verwandelt. Die Logik, in der sie sich entfalten, wird nicht dadurch aufgehoben, daß ihr Ort im Ganzen des Wißbaren bestimmt wird. Aber es wird ihr dadurch ein anderer Legitimitätsgrund zugeordnet, der sich nicht aus ihr selbst allein, sondern nur aus ihrer Funktion im Ganzen des Wißbaren bestimmen läßt. Der Konflikt entsteht, indem die Prinzipien und Tendenzen des bewußten Lebens sich direkt als das Ganze extrapolieren. Er entfällt, indem sie ihren Ort in diesem Ganzen eingeräumt finden. Der aber ergibt sich niemals dem Konflikt selbst voraus, so daß diesem Konflikt also zuvorzukommen wäre. So wie sich das bewußte Leben nur im Lauf durch seine Konflikte zum eigentlichen Verstehen findet, so hebt auch die Selbstaufklärung der Vernunft mit der Annahme und dem Austragen ihrer Konflikte an.

Damit ist eine bedeutende Konsequenz auch für die Methode der Philosophie verbunden: Sie kann nicht von einem einfachen Prinzip oder einem Satz von Axiomen her aufgebaut werden, die als erstes zu finden und festzusetzen wären und von denen man dann nur noch die Folgerungen herzuleiten hätte. Indem sich der Sinn des Ganzen der Vernunft, in Beziehung auf den Integration geschieht, nur sukzessive und in der Aufklärung der Natur ihrer Konflikte erschließt, ist auch die Philosophie in sich selbst ein Cursus, ein Weg, – ein Prozeß, der über wahrheitsfähige Stadien führt, die aber auch ihrerseits mit verschiedenen Integrationsgraden und entsprechend verschiedenen Selbstdeutungen verbunden sind. Das Prinzip der Ordnung, auf die hin die Integration geschieht, erschließt sich nur am Ende des Weges der Aufklärung. Kant hat darum im letzten Text, den zu schreiben ihm überhaupt gelang, das Wesen der Philosophie beschrieben als Aufstieg und als Arbeit. Die griechische Metapher von der noblen Bemühung ist hier mit der modernen vom Dienst und Werk, das menschlich ist, zusammengeführt, – aber in den Begriff eines Werkes der Vernunft, das nicht fremde Höhen sucht und sich auch nicht an einer fremden Welt abmüht. Es folgt nur dem eigenen Weg der Vernunft durch den ihr eigentümlichen und somit unumgehbaren Konflikt bis zu dem Prinzip, in dem der Konflikt Recht und Lösung zugleich findet.

Noch wesentlicher für den ganzen Begriff der Philosophie ist aber eine weitere Konsequenz, die sich aus der dynamischen Verfassung der Vernunft und aus der Bewegung des philosophischen Denkens ergibt, in der sich diese Verfassung verwirklicht: Nicht nur die Verständigung über die Prinzipien und die Tendenzen des Denkens und des bewußten Lebens verschiebt und vertieft sich, indem die Selbstaufklärung der Vernunft fortschreitet. Einem ganz entsprechenden Wandel ist auch die Verständigung über den Weg der Vernunft selbst ausgesetzt. An seinem Ausgang steht der Begriff der Philosophie, derzufolge sie Auflösung von Unklarheit und Beirrung ist. In ihm ist der Konflikt der Tendenzen der Orientierungspunkt für die Bestimmung, daß und woraufhin Philosophie notwendig ist. Sofern aber die

Lösung wirklich geschieht, wandelt sich auch der Philosophiebegriff. Die Konflikte selbst erscheinen nun als notwendig, weil sie allein es sind, über die der Vernunftweg überhaupt zu einem Bewußtsein von sich und von seinem Prinzip kommen kann. Erst an seinem Ende kommt auch der Weg der Aufklärung selbst zur Einsicht in seine eigentliche Natur. Kant meinte, daß sich der Aufstieg der Vernunft zur Selbstintegration in seinem Abschluß als die Selbstvergewisserung und als die notwendige Bedingung der Selbstverwirklichung der Freiheit erweist.

Über die Natur dieser Freiheit und über die Weise, in der in ihr der Mensch über sein endliches Weltdasein hinausgeführt wird, waren alle großen Schüler Kants zu Recht im Streit mit ihm. Und dieser Streit hat sie zu ihrer Selbständigkeit im Denken geführt. In der Grundform eines Denkens, für das Ausgang und Grund notwendig differieren und für das diese Differenz mit dem Konflikt der Vernunft gegen sich selbst besetzt ist, sind sie ihm aber verbunden geblieben. Diese Figur macht das gemeinsame Minimum der Philosophie aus, die nun einmal die ›idealistische‹ heißt.

III.

Das Bewußtsein unserer Zeit ist ganz von der dritten Reflektiertheit ausgeprägt worden. Darum können wir auch Kant, zweihundert Jahre nach dem Erscheinen seines Hauptwerks, nicht nur in seinen eigenen Worten und den Mitteln der von ihm gegebenen Selbstdarstellung aneignen. Wir müssen seine Systemform im Lichte dessen auslegen, was er wohl heraufkommen sah, was er aber nicht zum eigentlichen Bezugspunkt seiner prinzipiellen Mitteilungen gemacht hat.

Aber abgesehen von ihren Schwierigkeiten bei jeder Rede von »der Vernunft«, und abgesehen von ihrem Verdacht gegen die Intelligenz und alle Lebensdeutung, aus vitalen Interessen erzeugt und gesteuert zu sein, teilt die dritte Reflektiertheit alle Erfahrungen, von denen die zweite ihren Ausgang nahm: Wir leben im Bewußtsein, daß die fundamentalen Annahmen unserer wesentlichsten Denkweisen nicht unmittelbar miteinander vereinbar sind: Wir leben von Instrumenten und Energien, welche wir der Mikrophysik verdanken, und bauen Häuser und Gärten in den Rahmen der Ontologie von Dingen und Eigenschaften hinein. Der Neurophysiologe verläßt sein Labor, in dem Bewußtsein und Emotionen nur Komplexe feuernder Neuronen sind, um in den Kreis der geliebten Familie zurückzukehren, für die sich zu opfern er bereit ist. Wo ist hier Einheit des Verstehens, wenn sie nicht vorab auf den scheinbar wohlbegründeten Verzicht hinausläuft, eine Welt im Denken zusammenzuhalten?

Wir kennen die Lebensformen vieler Kulturen zumindest soweit, daß wir ihre Einsätze als Alternativen zu der eigenen akzeptieren können. Und wir haben die Fähigkeit zum Verstehen von unausgesprochenen Lebensbewegungen zur Subtilität gebracht. Aber das alles wäre Denken nur, wenn ein Inbegriff abzusehen wäre, der solche Alternativen und Bewegungen nicht nur aufsammelt und dann hilflos miteinander verständigen will, sondern der sie in ihrem Hervorgang zu begreifen imstande ist.

Es gibt keinen Vernunftsinn außer dem Kantischen, der die Divergenzen anzunehmen erlaubt, welche unsere Bewußtseinslage ausmachen, und der dennoch die Möglichkeit eröffnet, sie als Wissens- und Lebensformen zu begreifen, in denen sich das eine bewußte und vernunftfähige Leben vollzieht. So müssen wir durchaus mit Kants Worten, wenn auch in einem anderen Sinn als dem seinen, sagen: Der kritische Weg allein ist noch offen. Die Ausrichtung für ein Denken, das gegenwärtig und doch Philosophie ist, kann allein so markiert werden.

Die dritte Reflektiertheit hat allerdings die Philosophie in unserem Jahrhundert in eine Lage gebracht, in der auch dieser Weg verschlossen scheinen konnte. Unter dem Druck des Täuschungsverdachtes gegen das Denken selbst haben sich die beiden Motive der Philosophie, die auf Kritik und auf Integration gehen, erneut gegenläufig zueinander entwickelt. Die Kritik hat sich in Methoden der radikalen Nachfrage ausformuliert, die als solche von einem reduktionistischen Programm überhaupt nicht ablösbar schienen. Die Semiotik und die Semantik der Angelsachsen sind die wirksamsten dieser Methoden. Und es schien, daß sie mit einem Sprachbegriff verbunden sind, über den zuletzt nur in einer Begriffsform verständigt werden kann, die vom Behaviorismus nicht eigentlich zu unterscheiden ist. Aus der Verbindung dieses Sprachbehaviorismus mit einer materialistischen Ontologie sind einige der bedeutendsten Theorien unserer Zeit hervorgegangen, von denen nur die von Sellars und Quine genannt sein sollen. Keine Philosophie kann ganz gegenwärtig sein, welche diesen Theorien und dem Standort, den sie beziehen, einfach nur ausweicht.
Neben ihnen und gegen sie und in der Ahnung, worauf alle ›wissenschaftliche‹ Philosophie am Ende hinauslaufen möchte, hat sich schon früh die moderne Form der »Rettung der Phänomene« entfaltet. Zuerst ist sie unter dem Namen ›Philosophie des Lebens‹ und dann unter dem der ›Existenzphilosophie‹ bekannt geworden. Aber jedermann sieht, daß die Existenzphilosophie – mit der einen Ausnahme Heideggers, der ihr wahrscheinlich nicht zugehört, – nur ein Korrektiv, nicht ein zur Selbstbewegung fähiges Denken ist. Das zeigt sich am deutlichsten daran, daß sie zu einer Integration, die Theorie ist, gar nicht gelangen kann. Zwar will sie nicht, wie die Dichter, die innere Bewegung des Verstehens im gelebten Dasein des Menschen einfach nur zur Sprache bringen. Sie will die Zusammenhänge herausheben und durchsichtig machen, aus denen dies Dasein in seinem Ver-

lauf Form und Einheit gewinnt. Aber es fehlt ihr die Möglichkeit, zwischen dem, worin die Erfahrung in sich Einheit hat, und der ihr selber eigenen Weise der Analyse und Mitteilung, einen Zusammenhang zu gewinnen. So muß sie, grundsätzlich betrachtet, berichtend verfahren, sich damit aber gerade der Dynamik des gelebten Daseins entfremden, oder aber Anleihen bei Theorien anderen Ursprungs machen, die das vielleicht zu leisten vermöchten, was auch die subtilste Deskription niemals leisten kann: Eine Struktur vorzugeben, in der das implizite Verstehen des bewußten Lebens und die ihm eigenen Tendenzen zu Konflikt, Aufstieg und Not zur Sprache kommen könnte. Doch diese Theorien waren eben unter der Kritik der Methoden der radikalen Nachfrage obsolet geworden.

Während vieler Jahrzehnte ging die Aufgabe der Philosophie, die sich weder dem Ziel verschrieb, eine kraftvolle Reduktionstheorie zu gewinnen, noch auch sich mit kraftlosen Rettungsunternehmungen zufriedengeben wollte, darin auf, den ganzen Sinn von Philosophie lernend zu verteidigen. Es scheint, daß diese Epoche hinter uns liegt, daß die Wende jetzt eingetreten ist, die sich seit einem Jahrzehnt abgezeichnet hat. Diese Wende zu verstehen, sowie aus Eigenem und in gemeinsamem Nachdenken an ihr zu arbeiten, ist die wohl wichtigste Aufgabe, die wir anzugreifen haben. Die Wende besteht darin, daß die Theorie, welche auf die Grundlegungsfragen der Philosophie orientiert ist, aus sich selbst heraus die Öffnung für eine Verständigung über die Verlaufsform des bewußten Lebens wieder freigegeben hat, – daß sie, mit anderen Worten, von der Verpflichtung auf das reduktionistische Programm abgekommen ist. Die philosophische Analyse setzt darum auch wieder in der Erwartung ein, einem Aufklärungsprozeß zuzugehören, der schließlich die Selbstverständigung des bewußten Lebens freizusetzen vermag. Der Sache nach, von der hier nicht näher die Rede sein kann, setzte die Wende übrigens mit einem Thema ein, das auch in Kant den Zusammenschluß von philosophischer Grundlehre und Philosophie als Lebenslehre ermöglicht hatte: Die Unreduzierbarkeit von Selbstbewußtsein und seine erschließende Bedeutung für die Definition von Wirklichkeit, und von Objektivität. Von einem solchen Einsatz her ist eine Philosophie wieder möglich, die sich weder dem Professionalismus der Wissenschaften noch der Luzidität des Essays anpaßt. Die Allianz zwischen theoretischer und lebendiger Einsicht, welche den Sinn des Wortes ›Philosophie‹ mit Bedeutung besetzte, war in Platons und in Kants Denken zur begriffenen Einheit geworden. Sie darf wieder und soll das Ziel der philosophischen Arbeit bestimmen. Und so darf auch von den beiden Gründern der Philosophie mit einem im gegenwärtigen Sinne guten Gewissen gehandelt werden, nicht nur als von historischen Gestalten, deren Sache längst liquidiert wurde, oder als von Arbeitsfeldern für die Analyse oder als Zeugen von Bruchstücken der Einsicht, die dann in die radikale Nachfrage gemündet hat. Wir werden nicht, wie einst Hegel, sagen können, daß sich dem Mute des Erkennens das verschlossene Wesen des Universums auftun müsse, um uns seinen Reichtum und seine Tiefen vor Augen zu legen. Aber wir haben festen Grund, wenn wir einem Denken vertrauen, das, indem und insofern es den ersten Fragen für alles Denken nachgeht, auch Licht in den Verlauf des bewußten Lebens bringt, und mit ihm die Möglichkeit erschließt, zu einer Einheit zu kommen, die nicht mehr zu hinterfragen ist, damit aber auch zeigen und wirken zu können, daß es in seiner Welt nicht fremd ist.

Ich bin dankbar dafür, zu einer Zeit, in der die Philosophie zu einem neuen Beginn zu finden scheint, an diese Universität gerufen worden zu sein. Die Philosophie kam zusammen mit der Stadtkultur ins Dasein. Erst in jüngster Zeit, nachdem diese Kultur längst alles Leben verwandelt hatte, konnte man meinen, daß sie ihre Kraft aus dem ländlichen Leben zurückgewinnen müsse. Die Philosophie hat die Momente der Freiheit zur Verwunderung und der Bedrohung, die anfänglich in ihre Bewußtseinsstellung eingingen, immer wieder auch aus sich freigesetzt. Und sie ist dort produktiv geworden, wo diese Momente in einem ausgeglichenen Verhältnis zueinander sein konnten. In unserem Land ist das Bewußtsein der Bedrohung, das aus dem Riß kommt, der durch es selbst und durch seine Geschichte geht, so profund, daß man die Lähmung, die von solcher Bedrohung ausgeht, beinahe nur aus der Ferne noch spürt. Diese Stadt, im Land ehedem exzentrisch gelegen, aber in ihrer Geschichte sicherer verankert und vom Niedergang glückloserer Orte verschont, mag auch in unserem Land die Freiheit der verwunderten Besinnung begünstigen. Aber diese Besinnung muß sich zugleich in Übereinstimmung mit dem denkenden Leben setzen, um ihm so die Solidarität und den Raum offenzuhalten.

Denken und Forschen

Begriffs- und Ortsbestimmungen der Rationalität

Seit etwa hundert Jahren hat der Verweis auf die Forschung die zentrale Stelle in der Selbstdarstellung der Universitäten inne. Frühere Jahrhunderte sprachen noch von der Wissenschaft wie von einem Inbegriff alles begründeten und verläßlichen Wissens. Man konnte sich dieses Wissen erwerben, indem man sich in sein Verständnis hineinarbeitete. Man konnte es auch erweitern, es vielleicht sogar umstürzen und neubegründen. Aber selbst dann wurde es noch nicht als Ganzes aus einem Bewegungszustand definiert; aus dem Ausgriff auf Neues, der immer dort stattfindet, wo überhaupt wissenschaftliche Erkenntnis wirklich ist. Die Auffassung der Wissenschaft als Forschung läuft aber auf die Festsetzung gerade dieser Definition hinaus.

In den Gründungsschriften der neuhumanistischen Berliner Universität ist statt von »Forschung« von »Erkenntnis« die Rede. Sie sollte nicht eigentlich ein Ganzes alles Wißbaren erschließen, sondern zum originären Verständnis dessen hinführen, was es heißt, etwas erkannt zu haben, – nämlich, es wie zum ersten Mal und nur aus der eigenen Konzentration in eine Sache und den ihr gemäßen Ausweisungsgang ins Wissen einzubringen.

Zwischen diesem Erkennen des Erkennens als solchem, in dem sich die Erkenntnis bedeutsam als eine neue Dimension des menschlichen Lebens auftut, und dem, was »Forschung« heißt, gibt es Ähnlichkeiten. Auffälliger aber ist die Diskontinuität, die auch noch zwischen ihnen besteht. Die Erkenntnis ist nach der Beschreibung der Berliner Gründungsschriften ebenso wie die Forschung eine Aktivität des Aufschließens. Aber sie ist als eine Aktivität der Verwandlung des erkennenden *Subjektes*, als seine Anverwandlung an die Objektivität des Wissens verstanden. Solches Erkennen ändert und erweitert das Leben des Einzelnen. Doch bringt sie nicht notwendig auch einen neuen Gehalt in den Gesamtbestand des Wissens. Im übrigen versprachen die Gründungsschriften, daß sich an das originäre Verstehen von Erkenntnis ein Verständnis alles Wissens auch seinem Gehalt nach, und zwar in seiner systematischen Verfassung, würde anschließen lassen. Für solches Wissen hatte die philosophische Grundwissenschaft die Leit- und Grenzlinien auszulegen.

Wird in der Selbstdarstellung der Universität vor allem auf Forschung Bezug genommen, so ist der subjektive Bildungsbezug der Erkenntnis abgeschwächt; und die auch in ihm noch gelegene Aussicht auf einen Systemsinn von Wissenschaft wird sogar ganz aufgehoben. Das tritt deutlich heraus, wenn man sich Rechenschaft darüber gibt, in welchem Sinne von »der Forschung« im Singular die Rede sein kann.

In den anderen Singularen, in »Erkenntnis« ebenso wie in »Wissenschaft«, wird zwar eine Menge von Akten und Bereichen des Wissensgewinns und der Wissenssicherung zusammengenommen. Man kann nicht alles auf einmal und in der gleichen Weise erkennen. Und gesichertes Wissen geht niemals auf nur einen einzigen Sachzusammenhang. Aber in beiden Wörtern kann man doch noch die universalistische Bedeutung mithören, die in ihnen früher einmal ganz dominant gewesen ist: Es ist zumindest möglich, die »Wissenschaft« so wie die »Kunst« als ein geordnetes Universum von Wissen anzusehen. Und so kann man auch denken, daß ein Mensch sich zu diesem einen Inbegriff als Ganzem ins Verhältnis bringt und sich sicher in ihm, oder zumindest auf es hin, zu bewegen und zu orientieren weiß. In diesem Sinne hat Leibniz über Universal*wissen* verfügt, so wie Brunelleschi und Leonardo Universal*künstler* gewesen sind. »Erkenntnis« kann sogar noch leichter aus der alten universalistischen Bedeutung dieses Wortes verstanden werden. Sie leitet sich auf Platon zurück. Für Platon ergab sie sich aus einer einfachen Überlegung: Erkenntnis kann nur kraft ihrer Begründungen zu einem Wissen führen. Darum ist die Vielzahl der Erkenntnisse in Beziehung auf die Vielzahl der Begründungen zu verstehen. Und weil es doch einleuchtend scheint, daß sich alle Begründungen in eine Begründungsordnung einzufügen haben, die zu letzten, ganz verläßlichen und gänzlich einfachen Gründen führt, sollte man auch meinen, man habe Erkenntnis eigentlich nur dann erreicht, wenn man ein Wissen in und aus der Beziehung auf die einfachen Gründe alles Wißbaren gewonnen hat.

Wenn aber »Forschung« den Bezugsrahmen für das bestimmt, was »Wissenschaft« und »Erkenntnis« bedeuten kann, so sind in diesen alten Worten solche universalistischen Bedeutungszüge ganz getilgt. Es macht überhaupt keinen Sinn, von einer Universalforschung zu reden. So kann ein Wissenschaftler dadurch, daß man ihn als Universalforscher zu rühmen versucht, auch nur der Lächerlichkeit preisgegeben werden. Die Begriffsbestimmung von Forschung schließt also die Partikularität jedes Wissens ein, das sich in der Forschung gewinnen läßt.

Achtet man auf den umgangssprachlichen Sinn, den das Wort »Forschen« *vor* seinem noch sehr jungen Aufstieg zu einem Grundwort des Erkennens hatte, so fällt Licht auf einige Grundzüge des Forschens, die auch das besondere Forschen kennzeichnen, das wissenschaftlich ist. Forschen ist suchende Bemühung um ein Wissen, aber nicht um ein Wissen, das andere zuvor erworben haben oder das gar Gemeingut derer ist, die schon zur Einsicht gelangt sind. Eben dadurch ist Forschen vom Studieren unterschieden. Auch es ist, wie bereits der Wortsinn sagt, Bemühung, – aber um das Verständnis von schon begründetem und in Gebrauch genommenem Wissen. Das Forschen hat mit dem Studieren jedoch die Weise seiner Bemühung gemeinsam: Man kann erregt und in beunruhigter Anspannung nach etwas suchen. Man kann diffus suchen, – »herumsuchen«, wie man sagt, –

nach irgendetwas Wertvollem, etwas Eßbarem, nach irgendetwas, was aus einer Notlage oder Bedrückung helfen könnte. Die Suche der Forschung aber ist beruhigt und auf Umwege und Irrwege vorbereitet. Denn sie ist auf ein Wissen angelegt, das aus Gründen auf den Grund einer Sache kommt und das deshalb Bestand haben wird. Forschung beginnt auch mit einer Orientierung darüber, was sie zu wissen verlangt und worin in etwa dieses Wissen bestehen würde. Darum gehören zur Forschung Distanz und Disziplin, – nicht die Distanz der Gleichgültigkeit gegenüber der Sache, aber die Distanz dessen, der sich nicht auf jedem Schritt der Suche von vermeintlich Erreichtem oder von der Aussicht auf ein Scheitern oder einen Wissensgewinn befangen oder irre machen läßt, also auch die Disziplin, die nicht nur einem Auftrag oder einer Regel folgt, sondern jene andere, die das Ziel und die Bedingungen des Wissensgewinns und die Schritte des Wissenserwerbs jederzeit aneinander mißt und die auch im Vorläufigen als solchen und in verwirrenden Stadien des Forschungsganges unbeirrt die Übersicht zu halten weiß. Im Französischen (»*re*cherche«) und im Englischen (»*re*search«) ist das Äquivalent zu unserem Wort »Forschung« direkt vom Verbum »suchen« (»chercher«, »search«) hergeleitet. Darum wird in diesen Sprachen der Unterschied zwischen der eigentümlichen Suche der Forschung und anderen Weisen zu suchen auch unmittelbar deutlich: *Re*cherche ist die wiederholte und zur Wiederholung von vornherein bereite, die gründliche und nachhaltige Suche, – eine Suche von der Art, wie sie auch das eine Thema von Prousts ausgedehntem und verwickeltem Romanwerk ist, – eine Bedeutungslinie, die im Umgangsdeutsch in »Untersuchung« und »Nachforschung« ein ungefähres Äquivalent hat. Noch diesseits der programmatischen Bedeutung, die »Forschung« als Bezeichnung für den wissenschaftlichen Erkenntnisprozeß erhielt, ist somit der Bibelforscher als derjenige zu verstehen, der anhaltend und gründlich nach dem

Sinn der frohen Botschaft in der Heiligen Schrift sucht. Und wer einen befremdlichen Fund gemacht hat oder etwas Unverzichtbares verlor, der »forscht« wohl nach seiner Herkunft oder seinem Verbleib.

In diesen Gebrauchsfällen von »Forschung« diesseits des Wissenschaftsbegriffes tritt nun die Bindung von Forschung an die Partikularität eines bestimmten Themas oder Forschungsbereiches deutlich hervor. Sie ergibt sich daraus, daß auch die wissenschaftliche Forschung, so wie die gründliche Suche im alltäglichen Verhalten, auf etwas geht, das uns zunächst entzogen ist. Die Forschung geht darauf aus, etwas Wohlbestimmtes zu wissen, ohne daß der gesammelte Bestand des Wissens es erlauben würde, von ihm einfach nur Kenntnis zu nehmen, – es also nur vorzufinden, statt etwas über es *herauszufinden*. Forschung übersieht auch den Kenntniszusammenhang, in dem gerade dieses Wissen aussteht, und rechnet von vornherein mit vielerlei Umständen, welche die Suche behindern könnten. Darum kann sie auch über viele Wege und mit vielerlei Verfahren auf ein und dasselbe zugehen. So macht sie auch dort, wo sie nicht experimentiert, *Versuche*. Und so ist »Versuch« ein weiteres Wort, das mit dem Wortsinn der Suche, die Forschung ist, auf einleuchtende Weise einhergeht. Darum hat für eine Wissenschaft, die wesentlich Forschung ist, auch *Erfahrung* die Priorität, und zwar in einem grundsätzlichen und prozeduralen Sinn, der auch dort gilt, wo der Inhalt der Forschung formale Gegenstände, wie etwa Zahlen, sind. Auch in Beziehung auf sie kann eine Suche eingeleitet werden, die etwas Verstecktes herausfinden will. Diese Erfahrung hat allerdings mit dem, was seit alters her »Erfahrung« hieß, nur noch gemein, daß sie auf lange Hand und auf Unvorhersehbares angelegt ist. Was man mit »Erfahren« meint, wenn man von »Lebenserfahrung« spricht, ist sogar diametral dem Erfahrungssinn der Forschung entgegengesetzt. Denn Lebenserfahrung ließe sich nur verfehlen, wenn man in distanzierter und disziplinierter Suche auf sie ausginge. Und selbst die Erfahrung, die einen Wissenschaftler zu einem »erfahrenen Forscher« macht, ist etwas ganz anderes als das Ergebnis, das er mit einem Forschungsunternehmen erzielt hat.

Diese einfachen Überlegungen zum Wortsinn von »Forschung« stützen eine Diagnose, die sich auch auf abstrakte Weise gewinnen ließe: Die Orientierung von Wissenschaft auf Forschung ist gleichbedeutend damit, daß die Wissenschaft eine ihrer ältesten Voraussetzungen preisgegeben hat: Das Ideal einer letzten und ganzen Erkenntnis, die aus reiner Kontemplation hervorgeht, und mit ihr zugleich die Idee eines unerschütterlichen Fundaments, das allem Wissen seine Festigkeit gibt. Der Weg zu dieser höchsten und sichersten Erkenntnis war zwar immer als schwer vorgestellt. Studium und oft auch Leitung beim Studium schienen auf ihm unentbehrlich zu sein. Aber diese Mühe war doch als die Wegarbeitung von Hindernissen und die Vorbereitung auf eine Wahrheit gedacht, die als solche niemals durch forschende Suche und geschicktes Suchverhalten herausgefunden werden kann. Wo aber Forschung in den Begriff von Wissenschaft eingeht, ist alles Wissen, das andere Gründe als die hat, Ergebnis methodischer Suche zu sein, dementiert und diskreditiert. Kein Wissen gehört mehr der Wissenschaft an, das seiner Verfassung nach nicht als das Resultat eines forschenden Herausfindens zu definieren ist.

Man könnte meinen, daß mit dem Verzicht auf ein Wissen, das durch Kontemplation gewonnen werden kann, auch ein anderer Zug der modernen Wissenschaft schon gegeben sei, den man mit Peirce »das Prinzip der Revidierbarkeit« nennt und demzufolge alle Erkenntnis notwendig provisorisch sein soll. Zu jeder Erkenntnisaktivität, die »Forschung« heißen darf, gehört zwar wirklich die Bereitschaft zur Eingrenzung und zur Rücknahme eines Resultats, das sich als irrig herausgestellt hat. Das schließt aber dennoch gar nicht aus, daß Forschungen zu Ergebnissen führen können, die in einem

Grade, der von dem Ideal des kontemplativ erworbenen Wissens nur strukturell, nicht aber praktisch überboten wird, als unumstößlich gelten müssen. Daß es ein sehr leichtes Element, nämlich Helium, gibt, das meistens gasförmig auftritt, ist für den, der es kennt und verwendet, ebenso sicher, wie daß die Erde älter als zwanzig Jahre ist. Und dies ist wiederum eine Tatsache, die sich, was ihre Unumstößlichkeit angeht, mit einer arithmetischen vergleichen läßt. Aber dennoch ist Helium über hochkomplexe Forschungsgänge bekannt geworden, während das Wissen von den beiden anderen Tatsachen auch von jeweils ganz anderer Natur ist. Für viele Forscher ist es wohl ein Grund von Selbstgewißheit und Überlegenheitsgefühl, im Ertrag der kleinen Domäne ihrer Forschung so etwas wie ein Musterbild für das aufzurichten, was die eigentliche, die alte und große Erkenntnis dann sein müßte, wenn sie nur überhaupt möglich wäre. Muß zwischen der Widerstandskraft und der Weite von Wissen gewählt werden, dann fällt für den Forscher die Entscheidung zugunsten von ganzem Wissen in einem Winkel der ganzen Wahrheit, von der er gar nicht weiß, wie sie verläßlich erschlossen sein könnte. Darum muß jenes Prinzip der Revidierbarkeit, wenn es für die Analyse von Forschung einen erheblichen Belang haben soll, in einen anderen Zusammenhang gehören, über den auch alsbald zu sprechen sein wird.

Die Partikularität des Erkenntnisziels, verbunden mit der wirklichen Verläßlichkeit der Resultate, erklärt im übrigen leicht, wieso die Erkenntniswege der Forschung mit den Produktionswegen der Industrie zusammenwachsen konnten, so daß eine Forschung, die Instrument der Waren- und sogar der Waffenproduktion ist, von einer Forschung, die in der Traditionslinie der Erweiterung und Vertiefung von Erkenntnis steht, nur noch durch ihren institutionellen Rahmen, nicht mehr durch ihre Erkenntnisform zu unterscheiden ist. Beide sind darauf angelegt, das partiale Ergebnis zu akzeptieren, das umsichtig zustandegebracht ist und das sich eben deshalb bewährt und behauptet. Man kann also konstatieren, daß über eine Reihe von Veränderungen im Erkenntnisbegriff selbst und unter dem Leitbegriff der Forschung der Erkenntnisweg der römischen Schiffsbauer und Architekten mit dem der griechischen Naturphilosophen zusammengelaufen ist.

Bis zu dieser Schlußfolgerung ist unsere Analyse der Erkenntnisform von Forschung noch immer dem Bedeutungspotential des Wortes »Forschung« gefolgt. Sie muß nun eine neue Wendung nehmen. Denn es liegt auf der Hand, daß sie einseitig blieb und sogar zu einer Verzeichnung führen könnte. Würde man sie nicht korrigieren, so müßte sie einer in eine allgemeine Zivilisationskritik eingeschriebenen Kritik der Wissensform der Forschung Vorschub leisten. Denn es scheint jetzt, als würde die Forschung gerade dort, wo sie in ihre Stärke kommt, auch in die Zerstreuung führen und zum Ertrag nichts als eine ungeheure Ansammlung von mühsam ermittelten Wissensbruchstücken haben, die nur zum Teil und je nur für sich verwertbar sind. Niemand könnte und wollte sie auch nur überschauen. Alle partialen Forschungsergebnisse erklärten sich am Ende aus ebenso partialen und wahrscheinlich transitorischen Sonderinteressen. In einigen Bereichen würden sie von Gemeinschaften teils in der Neugier des Wissens teils im Interesse an der Marktversorgung kontinuierlich weitergeführt. Im übrigen träten sie zu einer einem Warenkatalog vergleichbaren enzyklopädischen Wissensbank zusammen, die zu beliebigen, aber stets wieder partialen Zwecken zu Diensten steht. Der Forscher selbst wäre da wohl Kafkas Hungerkünstler vergleichbar, der mit seiner hohen Kunst des Schwindens einzig auf die grundlegende Tatsache antwortet, daß nichts zu finden war, das eigentliche Speise wäre.

Der augenfälligste Mangel in diesem Bild ist der, daß es den Ausgriff auf *Theorie* unberücksichtigt läßt, der auch die Erkenntnisformen kennzeichnet, die unter dem Leitbegriff der Forschung und den mit ihm gesetzten Vorentscheidungen stehen. Kraft des in diesem Leitbegriff dominanten Bedeutungselements geht Forschung zwar auf Kenntnis von zuvor Unbekanntem und auf neue Kenntnis über noch unzureichend bekannte Wirklichkeitsbereiche aus. So ist sie in einem Sinn, der sich an den der geographischen und astronomischen Entdeckungen anschließen läßt, Erweiterung unseres Wissens als Akkumulation. Aber noch in einem ganz anderen und profunderen Sinn ist Forschung Erkenntnis: Insofern sie nämlich *Erklärungen* gibt und Erklärungen auch in Theorien geben und zusammenfassen kann.

Wem etwas erklärt ist, dem ist eine Sache nicht nur bekannt gemacht, sondern so deutlich geworden, daß er mit ihr umgehen und sie zu anderem, was er schon versteht oder vermag, ins Verhältnis setzen kann. Eine Erklärung bringt nicht eine neue Sache, sondern die Möglichkeit zu neuen Weisen des Umgangs mit einer Sache in ein Leben, das sich auch über sein Wissen behauptet und erweitert. So kann eine Erklärung die Befremdlichkeit von schon Bekanntem und somit auch die Irritation und die Lähmung beseitigen, die von allem Befremdlichen ausgeht, das man nicht einfach beiseite lassen kann. Durch Erklärungen vergrößert sich zudem die Bewegungsmöglichkeit des bewußten Lebens. Und darauf ist dies Leben auch um der Bewegung selber willen aus. So lassen sich Erklärungen in beiden Hinsichten anthropologisch als Steigerungen einer im Wissen aktualisierten Freiheit verstehen.

Dieser kleine Exkurs in eine Anthropologie des Erklärens kann auch eine Tatsache verständlich machen, die Theoretikern der Wissenschaft ohnedies geläufig ist, – daß nämlich mit dem einen Wort »Erklärung« auch in der Wissenschaft ganz *verschiedene Arten* der Erkenntnis zusammengefaßt werden, die nicht in einem einzigen Grundmuster aufgehen. Im Unterschied zu Erklärungen, die nicht über die Lebenspraxis hinausgreifen und die sich auf die Verdeutlichung dessen, *wie* mit etwas umgegangen werden muß, beschränken können, antworten jedoch alle Formen wissenschaftlicher Erklärung auf eine Frage nach dem *Wieso?*. Sie geben für Sachen und Sachverhalte *Gründe* an.

Die Vielfalt der *Formen von Erklärung* erklärt sich selbst also aus den vielerlei Weisen, in denen etwas für etwas ein Grund sein kann. Dieser Unterschied ist bei jeder Verständigung über die Eigentümlichkeiten einer Wissenschaft in Rechnung zu stellen. Auch die Frage nach der Zuordnung von Wissenschaften zueinander und nach möglichen Fundierungsverhältnissen zwischen verschiedenen Wissenschaften läßt sich nur beantworten, wenn sie in der Antwort die in ihnen möglichen Begründungsweisen zueinander in ein Verhältnis bringen kann. Man erklärt Handlungen historischer Personen aus ihren Absichten und Motiven; Kunstwerke und Stilformen aus Prinzipien der Zuordnung von Elementen. Ereignisse und regelmäßig wiederkehrende Abläufe erklärt man aus Ursachen. Institutionen kann man aus ihrer Funktion in dem System erklären, dem sie zugehören. Auf ganz andere Weise erklärt sich das Verhalten von Gegenständen in der aus der Alltagserfahrung vertrauten Welt durch das Verhalten von Elementen, die sie konstituieren und die nur unter besonderen, eigens für diesen Zweck eingerichteten Bedingungen zu beobachten sind. Und man erklärt Formen und Veränderungen, indem man sie als besonderen Fall einer allgemeineren Regelmäßigkeit beschreibt und ausweist.

Auf der Grundlage eines bestimmten Typs der Erklärung sind auch die *Theorien* in den Wissenschaften aufgebaut. Darum kann es auch Theorien ganz unterschiedlicher Form geben, – der Materie, der Entstehung der Arten, der Motivation, des gegenwärtigen Zeitalters. Auch sie sind Erklärungen. Von der Erklärungsart, die nicht selbst theoretische Erklärung ist, unterscheiden sie sich durch ihren Allgemeinheitsgrad und dadurch, daß sie für ihren Bereich eine Erklärungsform anbieten, die auf keine andere zurückgeführt werden kann, solange die Einschränkung der Erklärung auf eben diesen bestimmten Bereich nicht aufgegeben wird. Weitere Charaktere der Theoriebildung werden alsbald anzugeben sein.

Die meisten der Erklärungsformen schließen zudem die Bezugnahme auf Regelmäßigkeiten ein, die deutlich machen können, wieso ein Ereignis oder eine Formation von Gegebenheiten auftritt. Theorien fassen viele solcher Regelmäßigkeiten zusammen. Das kann dadurch geschehen, daß Regelmäßigkeiten auf andere Regeln von größerer Einfachheit, Allgemeinheit und möglichst auch Präzision zurückgeführt werden. Es kann aber auch so geschehen, daß eine allgemeine Erklärung dafür gegeben wird, wie eine Vielzahl von Sachverhalten, die jeder für sich einen Erklärungsansatz enthalten, einen komplexen Gesamtsachverhalt ergeben, der mit dem Sachverhalt identisch ist, der den Bereich der Geltung der Theorie ausmachen soll.

Durch ihre Erklärungen und ihre Theorien unterscheidet sich also die Wissenschaft, die Forschung ist, von einer bloßen Akkumulation von Faktenwissen, das nur in Enzyklopädien und anderen Speichern zusammenzubringen wäre. Und so stellt sie sich schließlich sogar auf eine ihr ganz eigentümliche Weise in die Nachfolge der großen Theorie der platonischen Tradition, mit der ihr Theoriebegriff zugleich doch ganz unvereinbar ist. Aus dieser Tradition leitet sich aber das Gewicht des Versprechens her, das auch heute noch mit dem Wort »Theorie« verbunden ist: Die Tradition kannte ebenso wie die Erkenntnis auch die »Theorie« nur im Singular, als das eine Wissen von den höchsten Gründen, von denen her sich alles Wirkliche verstehen läßt. Die Wissenschaft der Forschung läßt beliebig viele besondere Theorien ganz verschiedener Begründungsformen zu, so wie die durch Forschung ermittelten Ergebnisse als solche stets partikulare sind. Aber auch sie hat ein Prinzip nicht preisgegeben, durch das sie am meisten mit der Vergangenheit der singularischen Theorie verbunden ist: Theorien müssen im Prinzip miteinander kompatibel sein. In diesem Sinne ist es berechtigt, ja sogar ein dem Erkenntnissinn selbst innewohnendes Postulat, eine grundlegende Theorie wenigstens für möglich zu halten, deren Bereich alles Wirkliche ist, die alle anderen Theorien voraussetzen können und an die sie zuletzt auch einen Anschluß suchen müssen. Seit Forschung den Sinn von Wissenschaft bestimmt, ist nur die Theorie der Materie als der Kandidat für eine solche Theorie größter Allgemeinheit aufgetreten.

Aber auch zu dieser Grenzidee einer letzten Theorie in der Wissenschaft der Forschung kann man nur über einen Bruch und sogar in einer direkten Umkehrung der Verhältnisse in die Nachfolge des Theoriesinnes in der frühen Tradition des Erkennens gelangen. Denn im Theoriebegriff der Forschung ist schon darüber vorentschieden, daß Theorien nur auf der Grundlage der Erkenntnisweisen in Geltung gesetzt werden können, welche für Forschung in ihrem engsten und ursprünglichen Wortsinn charakteristisch sind: Durch die verläßliche Ermittlung von Wissen über einzelne Objekte, Zustände und Ereignisse. Dieses gegenüber der Tradition inverse Abhängigkeitsverhältnis folgt aus zwei Gründen: (1) Die Eigentümlichkeiten des Bereichs, für den eine Theorie angestrebt wird, können nicht als aus der Alltagserfahrung bekannt einfach vorausgesetzt werden. Nur mit Hilfe von Forschung kann er erkundet und zu einer theoriefähigen Übersichtlichkeit gebracht werden. (2) Es gibt keine Evidenz, welche den Wahrheitsanspruch der Theorie begründen könnte, die unabhängig ist vom Erfolg der Theorie bei der Erklärung einzelner, partikularer Sachverhalte ihres Bereiches. Die Theorie begründen, heißt also vor allem, ihre Leistungsfähigkeit zur Erklärung solcher Sachverhalte zu überprüfen, die andere Erklärungsversuche nicht erklären konn-

ten oder bei deren Erklärung die neue Theorie erfolgreich sein müßte. Sollte sie versagen, dann ist die Annahme der Theorie ohne erhebliche Modifikationen ausgeschlossen. Wenn also nun auch die Theoriebildung »Forschung« genannt werden kann, so deshalb, weil die Bestimmung des Bereichs ebenso wie die der Geltung der Theorie ganz von Forschungsgängen abhängig geworden ist.
In diesem Zusammenhang ergeben sich weitere Eigentümlichkeiten aller Theoriebildung der modernen Wissenschaft. So folgt zunächst auf eine andere Weise der Pluralismus in ihrem Theoriesinn. Denn eine Theorie, die Wissenschaft ist, kann überhaupt nur dort zustandekommen, wo auch wohlbestimmte Forschungsprozesse in Gang sein können. Eben darum überträgt sich der Partikularismus im Sinn von Forschung auch auf die Theorie innerhalb der Wissenschaft, die Forschung ist. Zwar findet die Theorie nicht einzelne Sachverhalte heraus. Sie ist aber notwendig an einen bestimmten Bereich solcher einzelner Sachverhalte gebunden. Das gilt sogar noch für jene Theorie, welche im Sinne des Theoriebegriffs der Wissenschaft der Forschung die allgemeinste und grundlegendste ist: Die Theorie der Materie. Aber daraus folgt nunmehr, daß eine Theorie, welche alle verschiedenen Theorien unter Einschluß der Unterschiedlichkeit ihrer Erklärungsweisen ihrerseits noch zu erklären imstande wäre, in gar keiner Weise als eine Theorie im Rahmen der Wissenschaft, die Forschung ist, gedacht werden kann. Die dialektischen Materialisten sind mit vielen Wissenschaftsphilosophen Amerikas über extreme Differenzen hinweg darin einer Meinung, daß es die eigentliche und vielleicht einzige Aufgabe einer *Philosophie* sei, welche sich konsequent an der Wissenschaft, die Forschung ist, orientiert, eine einheitliche und umfassende Verhältnisbestimmung aller wissenschaftlichen Theorien und Erklärungsweisen zustandezubringen, mit Hilfe deren die partikulare Forschungstheorie der Materie überhaupt erst als eine Universaltheorie des Wirklichen ausweisbar würde.

Käme eine Theorie dieser Art, die der philosophische Materialismus bisher nur antizipiert und postuliert, wirklich einmal zustande, so würde sie doch mit allen anderen Theorien, die im Forschungssinne Wissenschaft sind, eben die Eigenschaft teilen, kraft deren die Theorien der Forschung der Theorie der höchsten Einsicht diametral entgegengesetzt sind: Sie kann nicht aus sich selbst eine Evidenz ohne Alternative haben, und sie könnte auch nicht aus den Wirklichkeitsbereichen, für die sie gilt und die sie in Einem erklärt, in einer gegen Alternativen immunen Zwangsläufigkeit hergeleitet sein. Seit Forschung den Begriff von Wissenschaft grundlegend bestimmt, ist es unumgänglich geworden, alle Theorien als die Resultate intelligenter Leistungen, also als im Denken *konstituiert* zu verstehen. Theorien werden in Beziehung auf Fakten konzipiert, aber nicht von Fakten abgelesen. Und sie enthalten Elemente, die in keiner Weise in dem Sinne Fakten sind, wie das, was sie erklären. Erst dies ist nun auch der Zusammenhang, aus dem die These wirklich folgt, daß alle Wissenschaft, die Forschung ist, in einem wesentlichen Sinne immer revidierbar bleibt. Nicht, weil unsere Erkenntniskraft schwach und fehlbar ist (das ist ein Vorbehalt, der immer angemessen, in Strukturfragen aber auch trivial ist), sondern aufgrund der Erkenntnisform der Theorie selbst gilt dieses Prinzip. Schon die Erklärungen aus Regelmäßigkeiten müssen als korrigierbar gelten. Denn jede noch so gut bestätigte Erfahrungsregel kann unter neuen und ungewöhnlichen Bedingungen versagen. Während es aber wenigstens guten Sinn macht, daran festzuhalten, daß Regelmäßigkeiten sicher beobachtet werden können, gibt es keine Beobachtungssituation, in welcher der Gehalt einer Theorie unmittelbar ausgewiesen werden könnte. Eine Theorie errichtet zwischen Sachverhalten und Regularitäten ganz verschiedener Art so etwas wie ein System von Verstrebungen, die dem Übergang von jeder von ihnen zu jeder in Gedanken dienen. Aber die Bauform und die Anordnungen

dieses Systems kommen allein durch die Kraft des konzipierenden Denkens ins Dasein.
Es ist sehr wichtig sich klarzumachen, daß diese Schlußfolgerung nicht aus komplexen Analysen der philosophischen Wissenschaftstheorie gewonnen werden muß. Schon aus den Formbegriffen von Forschung, Begründung und Theorie, auf die der Begriff der Wissenschaft seit einem Jahrhundert festgelegt ist, folgt sie zwingend.
Sie darf deshalb auch nicht als eine philosophische Theorie unter anderen angesehen werden. Als Implikation des Aufbaus einer Wissenschaft, die Forschung ist, ist sie vielmehr unausweichlich. In dem Maße, in dem diese Wissenschaft für die Situation der Vernunft in der modernen Welt kennzeichnend ist, gehört sie also auch zu den Tatsachen der Gegenwart und nicht erst zu den Theoremen einer bestimmten Wissenschaftstheorie.
Damit ist allerdings noch nicht ausgemacht, ob theoretische Erklärungen, die einzig aus konzipierendem Denken hervorgehen, die Wirklichkeit *zutreffend* beschreiben können oder ob sie gar nichts anderes sein können als das Resultat der Projektion einer unbekannten Ordnung in eine andere, die ein von uns selbst konstruiertes System ist, nach einem Projektionsprinzip, das sich unserer Kenntnis gleichfalls notwendig entzieht. Theorien könnten schließlich und drittens auch Instrumente zur jeweils möglichst vollständigen und einer stetigen Erweiterung fähigen Beherrschung einer diffusen Datenakkumulation sein. Diese drei Alternativen zu durchdenken und zu beurteilen, ist eine der wichtigsten Untersuchungen einer Erkenntnistheorie der Wissenschaft. In diese Untersuchung kann hier gar nicht eingetreten werden. Aber es ist wiederum bedeutsam, sich darüber im klaren zu sein, daß es unter Bedingungen des Wissenschaftsbegriffs der Forschung die weit schwierigere Aufgabe ist, begründet an der natürlichen Überzeugung festzuhalten, daß gerade die allgemeinsten Theorien uns auch in die größte

Nähe zur Verfassung der Wirklichkeit bringen. Die These, derzufolge Theorien erfolgreichen Projektionen gleichkommen, ist nicht weniger leistungsfähig. In den Gesamtzusammenhang der Verständigung über Wissenschaft unter dem Leitbegriff der Forschung fügt sie sich ebenso leicht ein wie die These von der diskursfreien Gegenwart der letzten Gründe in den Erkenntnisbegriff der platonischen Tradition. Sie muß sogar wirklich für eine große Zahl von Theorien zutreffen, die einmal überzeugt haben, die gute Beschreibungen und Prognosen gaben und nützliche technische Verwendungen zuließen, und die dennoch aufgegeben worden sind.

Es ist bekannt, daß sich in diesem Zusammenhang eine weitere Aufgabe ergibt, die heute im Mittelpunkt der Aufmerksamkeit der Theorie der Wissenschaft in einem engeren Sinne steht: Es müssen die Bedingungen angegeben werden, unter denen im Gang der Entwicklung der Wissenschaft zuvor in Geltung gehaltene Theorien aufgegeben und durch andere ersetzt werden. Und es muß weiter gezeigt werden, unter welchen Bedingungen und nach welchen Kriterien dieser Theorienwechsel selbst gut begründet und also mehr ist als nur irgendein historisches Ereignis. Diese Fragestellung hat wiederum zumindest zwei Dimensionen: Es muß angegeben werden, wann Theorien und ihre Erklärungsleistungen miteinander vergleichbar sind und wann Theorien imstande sind, ältere und weniger weitreichende Theorien in sich einzubegreifen. In einem solchen Fall verdrängen sie nämlich diese Theorien nicht. Sie verändern nur ihren Stellenwert. Das kann in einem damit geschehen, daß in der zuvor letzten Theorie aufgrund der neuen Theorie Modifikationen und Einschränkungen vorgenommen werden, die aber dennoch die Identität der Vorgängertheorie nicht zerstören. Diese Analyse von Theorienwandel und Theorienreduktion muß dann weiter noch in eine Analyse des Gesamtzusammenhanges eingebettet werden, in dem sich Erkenntnis als Forschung entfaltet. Denn die Theoriebildung ist nur ein Teil des Erkenntnisunternehmens, das den Implikationen des Grundgedankens von Forschung folgt.

Ist Forschung in ihrer Gesamtheit Erkenntnis und sind Theorien Konstruktionsprodukte, deren Wahrheitsbezug nur die Bewährung in der Forschung ist, so scheint die Möglichkeit zu einer befriedigenden Ausführung aller dieser Analysen eigentlich schon durch eine einfache und scheinbar evidente Grundprämisse garantiert: Die Existenz, die Verfassung und die Entfaltung der Wissenschaft ist der beste Ausweis für die Tatsache und die Leistungskraft der *Rationalität* des Menschen. Darum hat sich die Wissenschaftstheorie seit ihren Anfängen in Cambridge und in Wien auch mit großer Zuversicht ans Werk begeben und nicht damit gespart, ihre Überzeugung, daß die Aufklärung der Rationalität der Forschung zum Abschluß des Menschheitsunternehmens der ganzen Aufklärung beitragen werde, auch polemisch zur Geltung zu bringen. Und dennoch ist gerade diese Überzeugung während der letzten fünfzehn Jahre erschüttert worden. Der Stoß, den sie erhielt, war um so kräftiger, als er – im Gegensatz zu früheren, die ignorabel scheinen konnten – aus dem Lager der Theoretiker der Wissenschaft selbst geführt wurde.

Wir können die Grundzüge der Argumente, die diesen Angriff trugen, an die Übersicht anschließen, die wir nun über den Zusammenhang von Forschung und Theorie gewonnen haben: Theorien werden für Sachbereiche konzipiert, ohne aus ihnen abgeleitet sein zu können. Sie verbinden Gegebenheiten und Regelmäßigkeiten, die beobachtet oder dokumentiert werden, in Systemen, die selbst auf keine Weise vorzufinden sind. Und sie verwenden dabei Erklärungsbegriffe und auch Begriffe von Typen von Objekten, deren Wirklichkeit sie beanspruchen, ohne daß diese Begriffe einen anderen Ausweis als den ihrer Bewährung im Gebrauch der Theorie haben. Schließlich gibt es theoretische Erklärungen,

die um der größeren Allgemeinheit der Geltung einer Erklärungsform willen in einzelnen Sachbereichen bewährte Erklärungsformen auf andere solche Formen zurückführen, die aber aller Erfahrung, die diesseits von Forschung und Theorie gemacht wird, noch ferner stehen. Wenn nun in Kenntnis dieser Sachlage behauptet wird, daß sich die Rationalität der Erkenntnis allein aus dem internen Aufbau solcher Theorien und aus der Logik ihrer Bestätigung oder Entkräftung versteht, so wird die für den gesamten Forschungsprozeß grundlegende Dynamik zu einem Vorgang, dem jeder Vernunftsinn abzusprechen ist. Was nämlich eigentlich der Analyse, und zwar einer Analyse im Zusammenhang der Analyse der Natur von Erkenntnis bedürfte, ist der Prozeß der *Ausbildung* von Theorien und des *Entwurfs* neuer theoretischer Systeme und Grundbegriffe, – also der Prozeß, den die Wissenschaftstheorie der vergleichenden Theoriestärken der Psychologie und der empirischen Forschungs*geschichte* gleichgültig überlassen hatte (Toulmin).
In einer anderen Variation kann dieser Angriff auch auf folgende Mattstellung seines Gegners ausgehen: Sind Theorien einmal als Konstruktionsprodukte anerkannt und steht auch ihre Abhängigkeit von neuen Begriffsbildungen fest, die dann ihrerseits neue Forschungspraktiken nach sich ziehen, so folgt, daß Theorien eigentlich miteinander unvergleichbar sind. Solange sie hinreichend geschickt entwickelt werden, können sie nur um ihren Erfolg bei den professionellen Forschern, nicht aber um ihren Erfolg bei der Erklärung von Gegebenheiten konkurrieren. Dann aber wird die Logik der Forschung zu einer Disziplin eng begrenzten Rechts im Vorfeld einer *Soziologie* der Institution Wissenschaft, von der allein der eigentliche Aufschluß über die Dynamik forschungsorientierter Theorien zu erwarten wäre. Diese Disziplin ist zwar selbst auch ein Forschungsunternehmen, aber im Gegensatz zu der Untersuchung, welche die erste Form des Angriffs gegen die Logik der Bestätigung im Auge hatte,

alles andere als eine Analyse von Rationalität in einem Sinne, der über den Vernunftsinn der Logik der Bestätigung hinausgelangt. Von der Vernunft der Forschung wäre damit erwiesen, daß sie in ihrem eigensten Bereich nur unter rein faktischen Voraussetzungen in eine weder von ihr selbst noch von irgendeiner Form der Rationalität beherrschten Weise operativ zu werden vermag (Kuhn).

Soweit die beiden Angriffsformen die noch weitergehende Absicht oder auch nur die Implikation hatten, der Forschung jede Rationalität abzusprechen, die über die Verfahren des Gewinns und der Erklärung partikulärer Daten und observabler Regelmäßigkeiten hinausgeht, dürfen sie heute als abgeschlagen gelten. Die Wissenschaft der Forschung kann gute Gründe dafür angeben, warum sie Theorien begrenzter Reichweite in Erklärung und Voraussagen zugunsten von Theorien aufgibt, die von ganz anderen Grundannahmen darüber ausgehen, was die Objekte eines Erkenntnisbereichs sind, und die sich auch ganz anderer Erklärungsweisen bedienen. Sie kann also diesen Teil des Entwicklungsganges, den sie nimmt, nach ihren eigenen Kriterien als einen Fortschritt verstehen und verteidigen. Doch damit ist die Problemlage nicht etwa bereinigt, die aus der Einsicht in den Ursprung der Theorien aus Konstruktion und in die Tatsache hervorgegangen ist, daß die Bauformen der Theorien und ihre theoretischen Grundbegriffe keine Erklärung im Geltungsbereich des Vernunftsinnes der Forschungserkenntnis selbst finden können. Wenn wir über die für unser wirkliches Leben wie für unser Bewußtsein grundlegende Tatsache, daß Wissenschaft Forschung geworden ist, von Grund aus verständigt sein wollen, so müssen wir uns vor allem zu dieser Problemlage in das richtige Verhältnis bringen.

Das kann ersichtlich nur dann geschehen, wenn es gelingt, den Zusammenhang richtig zu bestimmen, in dem die interne Rationalität der Forschungsentwicklung in eine Entwicklung eingebunden ist, in der zuletzt auch die Elemente der Theorieentwürfe der Forschung ihre Wurzeln haben, die weder aus platonischer Evidenz noch aus irgendwelchen Forschungsleistungen entstehen können. Jeder Versuch dieser Art steht, grundsätzlich betrachtet, vor der Alternative, für diese Wurzeln einen weiteren Sinn von Rationalität in Anspruch zu nehmen, als der es ist, den die Logik der Forschung selbst schon an die Hand gibt, oder die Wissenschaft der Forschung in ein Geschehen einbetten zu müssen, das sich zwar durchschauen, das sich aber aus keinerlei Vernunftsinn begreifen läßt.

Zu simplistisch wäre der Versuch, die alte Wiener Strategie wieder zu beleben. Ihr zufolge wäre die Entdeckung einer neuen Theoriemöglichkeit der Einfall eines Innovators, der sich dann in der Gemeinschaft der Forscher durchzusetzen vermag durch die Stärke seines Konzepts bei der Bereinigung von Unstimmigkeiten bei der Erklärung, die in der alten Theoriesituation überhandgenommen hatten. Abgesehen davon, daß diese Strategie das Defizit eines Vernunftsinnes, der auch die Entdeckung als solche einbegreift, ganz ignoriert, steht ihr auch eine Erkenntnis entgegen, die am meisten dazu beigetragen hatte, daß es zu dem konzentrischen Angriff gegen den Ausschließlichkeitsanspruch der Logik der Forschung auf Rationalität kommen konnte: Die Einsicht in den Bedingungszusammenhang, der zwischen einem entwickelten System der Verständigung und dem in ihm gelegenen Weltverstehen auf der einen Seite und der Kraft der Begriffsbildung von Individuen auf der anderen Seite besteht. Diese Einsicht macht es unausweichlich, die Abhängigkeit der den Verlauf der Theoriegeschichte bestimmenden Wendungen von den Möglichkeiten der Form- und Begriffsbildung einer Epoche anzuerkennen.

Man könnte nun noch mutmaßen, als der Ort der Verständigung über die Entwicklungsrichtung der Theorie sei allein die Gruppe aller der Forscher anzusehen, in deren Wissens-

und Problemstand sich die neue Theorie durchzusetzen hat. Aber selbst in den am meisten von ihrer Theoriebildung beherrschten Forschungsbereichen ist das Bedeutungsfeld gerade der für neue Konzepte benötigten Begriffe und Zuordnungsweisen nicht auf die Regionalsprache einer Forschergruppe isoliert. Und das gilt um so mehr für die anderen Wissenschaften, die von Wendungen in ihrer Methodenkonzeption und in ihren theoretischen Horizonten kaum weniger beeinflußt werden, obgleich sich die meisten ihrer Forschungsgänge gar nicht von theoretischen Vorgriffen her organisieren. Die begrifflichen Potentiale der Theoriebildungen und die Grenzlinien der Bereiche, innerhalb deren Theoriekonzepte entworfen werden können, sind also auf den allgemeineren Rahmen zurückzuleiten, der auch für sie in den Verstehens- und Konzeptionsmöglichkeiten einer Generation und einer historischen Gesamtsituation vorgegeben ist.

Für die Aufklärung solcher Rahmenbedingungen hat die Philosophie der letzten Jahrzehnte neue Verfahren und kraftvolle Begründungen gefunden. Die im übrigen weit voneinander entfernt einsetzenden Intentionen von Heidegger und von Wittgenstein konvergieren darin, daß sie ganz auf diese Art der Aufklärung ausgehen. Sie wollen Interdependenzen und Verweisungszusammenhänge von Verstehen freilegen, die selbst nicht mehr zu hinterfragen sind und die allen Einstellungen auf isolierbare Erfahrungs- und Objektbereiche zugrundeliegen, – und zwar so, daß sie in diesen partikularen Einstellungen zugleich auch abgeblendet sind und sich darum dem in der Wissenschaft ausgebildeten Bewußtsein und den Thematisierungsweisen der Forschung notwendig entziehen. Beiden Philosophen ist insofern auch die Überzeugung gemeinsam, daß die dem Forschungsprozeß eigentümliche Rationalität nicht das letzte Datum ist, von dem her die Selbstverständigung der Menschheit über ihre Lage und ihren Weg ihre Anleitung zu gewinnen hätte.

Allerdings war es durchaus nicht ihre Absicht, die Verständigungshorizonte, deren Verfugungen sie freilegen wollten, mit einer historischen Epoche von der überschaubar eingegrenzten Größenordnung koinzidieren zu lassen, wie etwa die es ist, in der sich der Begriff des Erkennens zu dem der Wissenschaft der Forschung verwandelt hat. Wittgensteins »Sprache« und Heideggers »In-der-Welt-sein« sind so gedacht, daß sie auch die Differenzen zwischen kulturellen Systemen noch umfassen müssen. Aber es war doch abzusehen, daß ihre Gedanken und Verfahren alsbald auch Auswirkungen in den Disziplinen haben mußten, deren Aufgabe es ist, Lebens- und Verständigungsformen von einzelnen Kulturen und historischen Bewußtseinslagen in deren Zusammenhang zu verdeutlichen. Zu diesen Auswirkungen gehörte auch die Reformulierung des Programms der Wissenschaftsgeschichte. Sie hat dazu geführt, daß von ihm her auch das Programm der Wissenschaftstheorie selbst in Frage gestellt und unter die Forderung der historischen Bewußtwerdung gezwungen werden konnte.

Man muß nun zunächst beachten, daß diese neue Kulturwissenschaft ihrerseits einem ganz anderen Begriff von Rationalität folgt als der es ist, der durch die Logik der Forschung zu definieren gewesen ist. Nicht die Entdeckung von Neuem, sondern die Freilegung von Voraussetzungen ist ihr Ziel, – also nicht die *Ausdehnung* des Wissens, sondern die *Umwendung* der Erkenntnis zu ihren Voraussetzungen, die selbst kein Feld für die Akkumulation von Forschungsresultaten eröffnen. Die Disziplin dieser Erkenntnisart beruht nicht mehr allein auf der überlegten Distanz zu allen Versuchs- und Begründungsgängen, die sie mit der Rationalität der Forschung teilt. Sie verlangt zugleich die Vergegenwärtigung von Kontexten und die ständige Inanspruchnahme der Fähigkeit, jeden Abstand zwischen einem Versuch der Auslegung solcher Kontexte zu dem, was expliziert werden soll, deutlich zu machen und zu mindern. Dies ist die Rationalität einer besonderen Form von Analyse, die sich von der Analyse von Problemlagen im Vorfeld der Forschung noch unterscheidet. Sie findet ihre eigentliche Bewährung dort, wo sie zugleich auf Reflexion beruht, nämlich auf der Verdeutlichung der Prämissen, die den Analysierenden selbst in seinem Verstehen grundlegend bestimmen.

Daß diese Analyse der Kontexte der Forschung einem eigenen Rationalitätssinn verpflichtet ist, ändert aber gar nichts daran, daß sie die Schlußfolgerung bestärkt, die Wissenschaft der Forschung gehe aus Gründen hervor, die es zuletzt ausschließen, ihr einen Vernunftsinn zuzusprechen, der auch die Zusammenhänge umgreift, aus denen die Bewegungsimpulse für ihre theoretische Entwicklung kommen. Ohne daß ihre interne Logik und ihre Nützlichkeit bestritten werden müssen, erscheint somit die Wissenschaft der Forschung noch immer nur als eine Kulturleistung, welche am Ende aus den faktisch nun einmal eingetretenen Verständigungsmöglichkeiten eines Zeitalters zu erklären ist. Wer folgerichtig denkt, muß mit dieser Schlußfolgerung über die Historizität der Wissenschaft auch zur Wissenschaftskritik geführt werden, – einer Kritik, die jetzt nicht mehr gegen die Zerstreuung der Forschung, sondern gegen ihre Kontextblindheit angeht.

Im Ausgang von dieser Art von Kritik kann man nun auf den Gedanken kommen, man müsse einen neuen Fundamentalismus propagieren, der die bestehende Kulturform der Wissenschaft überhaupt erst in die ihr mögliche Rationalität reformiert: Anhebend mit dem Aufbau der Logik aus dem Argumentationssinn ihrer Grundoperatoren müsse eine konstruktive Theorie aller Argumentationsweisen errichtet werden, an die dann auch die Argumentationsformen der Wissenschaft samt der Begründungen für ihre theoretischen Begriffsbildungen anzuschließen sind. So erst werde die Vernunft aus unbeherrschten Abhängigkeiten von Vormeinungen und Einfällen befreit und zu einer Organisation der Erkenntnis nur nach eigenen Prinzipien befähigt (Lorenzen). Diese neue Variation zum alten Thema des logischen Aufbaus der Erkenntniswelt schließt somit die Absicht zu einer im Umgang sanften, im Anspruch aber rigiden Reglementierung auch der Wissenschaften ein. Sie hat auch dort Wirkungen gezeitigt, wo ein System von Fundierungs- und Reglementierungsschritten durchaus nicht beabsichtigt wird: Die letzte Form der Frankfurter Schule geht mit der Erlanger Schule in der Erwartung einig, daß die Aufklärung über die formalen Grundlagen des rationalen Gesprächs gegenüber dem gesamten Wissenschaftsprozeß in ein Fundierungsverhältnis zu bringen ist, aus dem sich dessen eigene Rationalität zunächst begründen, dann aber auch umstrukturieren läßt, – wenngleich nach Frankfurter Meinung unter der Anleitung praktischer Interessen und nicht durch das Erlanger Interesse an der übersehbaren Anordnung aller Begründungsrelationen.

Die reglementierende Aufklärung läßt sich zwar auf durchaus einleuchtende Weise der in der Theorie der Wissenschaft entstandenen Problematik zuordnen. Aber die eigentliche Schwierigkeit, welche diese Problematik überhaupt erst heraufgeführt hat, kann sie nicht beseitigen. Denn es gibt gar keinen Fundierungsschritt, der von allgemeinen und formalen Bedingungen der wissenschaftlichen Rationalität zu einer Begründung für die besondere Form der Objektabgrenzungen und Objektbeschreibungen wissenschaftlicher Theorien führen könnte. Daß solche Theorievorgriffe in Dialog- oder öffentlichen Diskurssituationen Bewährung oder Zustimmung finden sollten, ist ein Vorschlag zur Erkenntnispraxis, der vielleicht für sich zu erwägen wäre, der aber der Konzeption von Theorien und dem Kontext, aus dem sie hervorgehen, keinerlei neuen Rationalitätssinn zuwachsen läßt. Die fundamentalistische Theorie der Argumentation verdeckt diese fundamentale Tatsache und ist deshalb durchaus dazu geeignet, das Begründungsproblem für die Rationalität der

Wissenschaft der Forschung zu verschleiern. Sie könnte sogar, wenn sie allgemein überzeugen würde, der Theoriedynamik der Wissenschaft selbst den Weg verlegen. Gibt es also keinen Vernunftbegriff, der weiter reicht als bis zur Entfaltung einer Theorie der formalen Bedingungen des Argumentierens, so zeigen die wenigen die größere Konsequenz, welche die Theoriebildungen und Experimente der Wissenschaft der Forschung für eine bestimmte, wenngleich schon lange praktizierte Lebensform halten, die von anderen Lebensformen und Symbolsystemen und von Experimenten mit neuen Formen des Verhaltens und des Symbolgebrauchs im Grunde überhaupt nicht zu unterscheiden ist (Feyerabend). Zwar vertreten auch sie einen Revisionismus, aber einen gerade entgegengesetzten, der den Abbau aller Reglementierungen und Rationalitätsvorrechte zu seinem Programm macht.

Es ist nun vollends deutlich geworden, daß sich die Schwierigkeiten bei der Klärung des Wissenschaftsbegriffs der Forschung und bei der Ortsbestimmung dieser Wissenschaft selbst ganz allein aus der anderen Schwierigkeit ergeben, in der sich die Verständigung über die Rationalität als solche und über den Sinn von »Vernunft« im allgemeinen befindet. Der interne Vernunftsinn der Forschung ist nur unter Voraussetzungen zu verstehen, die zum Verdacht der Abkünftigkeit der Vernunft von einem Kulturprozeß führen, der in sich selbst überhaupt nicht mehr als Vernunftprozeß zu fassen ist. Die fundamentalistische Aufklärung will die Gründe dieses Verdachtes ohne jede Erfolgsaussicht aus der Welt schaffen; der Anarchismus, der das spielerische Sich-Ausleben in allen Lebensformen anrät, beutet diesen Verdacht nur ironisch aus. Die neue Form des reflexiv-analysierenden Rückgangs zu den primären Horizonten für alle Verständigung einer Epoche geschieht zwar selbst in einer neuen Form rationaler Disziplin. Sie könnte für sich wohl davon überzeugen, daß der Vernunftbegriff unterbestimmt ist, wenn er allein von den Ausweisungsregeln der Forschungswissenschaft her gewonnen werden soll. Dennoch geht ihre Absicht dahin, die Wissenschaft auf Ausgangsbedingungen zurückzubringen, denen jede Rationalität abgesprochen werden muß, die etwa noch zur Rationalität der Forschung in irgendein Strukturverhältnis zu bringen wäre.

Hat man diese Übersicht erreicht, so wird auch das Defizit deutlich, das die Problemlage überhaupt erst zu einer aporetischen macht: Der Vernunftsinn der Forschungswissenschaft gerät deshalb unter Verdacht und unter die Kulturkritik, weil der Bedingungszusammenhang, in den alle Theoriebildung gebunden ist, selbst nicht auf einen ihm eigenen Vernunftsinn hin hat interpretiert werden können.

Man kann sich das wiederum vergleichsweise leicht an Gemeinsamkeiten verdeutlichen, die Wittgensteins und Heideggers Methoden der reflektierten Analyse miteinander verbinden: Die Verfassung der natürlichen Sprache und der Welterfahrung des Menschen werden als selbstgenügsame Ordnung vorgestellt. Ob sie nun, wie Wittgenstein meinte, immer neue Verständigungsweisen an sich ansetzen kann, oder ob sie, wie Heidegger meinte, ein geschlossenes Beziehungsgefüge ist, – in ihnen selbst ist kein Grund gelegen, sie in Zügen der Verständigung zu modifizieren und zu übersteigen. Sie öffnen alle Bereiche des intelligenten Verhaltens, ohne von diesem Verhalten selbst erreicht und neu strukturiert werden zu können. So kommt die Vernunft und die Disziplin der Erkenntnis zwar allein von ihnen her zu ihrer Verwirklichung, aber in einer Abhängigkeit, die gänzlich einsinnig gedacht werden soll: Was die Vernunft freisetzt, enthält nichts, was seinerseits ihrer auch bedürfte. Es ist eben diese Einsinnigkeit der Beziehung, die auch in der Rückbindung der Wissenschaftstheorie an eine Wissenschaftsgeschichte, welche diesem Modell nur gefolgt ist, den Vernunftbegriff in die Aporie getrieben hat.

Dieser Gedankenführung, die aus der Philosophie hervorging und die so weitreichende Folgen gezeitigt hat, kann auch nur die Philosophie selbst entgegentreten. Um sich ihrer Stärke zu stellen, bedarf sie weitausgreifender Begründungen. Aber es läßt sich doch auch auf ganz einfache Weise deutlich machen, daß die Lehre von der Vernunftlosigkeit der letzten Lebens- und Verstehenshorizonte gerade die Wirklichkeit verfehlt, in der alle Rationalität des Menschen in der Tat ihre Wurzeln hat: Die Sprach- und Daseinsanalysen von Wittgenstein und Heidegger sind subtile Versionen einer Philosophie der Unmittelbarkeit: Wer zu den ersten Gründen alles Verstehens gelangt, der ist auch über sie und über sich selbst verständigt und in diesem Verstehen zur Ruhe gekommen. In die Beirrung gerät nur, wer, indem er von ihnen ausgeht, noch meint, sich über sie zu erheben. Und sollte dieser Abweg, wie Wittgenstein sah und Heidegger zeigen wollte, auch zwangsläufig sein, so hängt um so mehr davon ab, daß man die Einsicht gewinnt, sich auf ihm umzuwenden und damit zur Klarheit zu finden.

Aber in Wahrheit ist die Grundverfassung des bewußten Lebens von ganz anderer Art. Und die Gründe, die seine Weisen zu verstehen und zu wissen ermöglichen und sich entfalten lassen, sind in dieser Verfassung auf ganz andere Art miteinander verbunden. Die Weisen seines verstehenden Weltbezugs bilden sich von Voraussetzungen her, die im primären Verstehen des bewußten Lebens gerade *nicht* zusammengebracht werden können oder in einer selbstgenügsamen Einheit gehalten sind. Und diese Voraussetzungen sind auch nicht verdeckte Gründe jenseits seiner ursprünglichen Selbstverständigung, die nur in einer theoretischen Einstellung und Erklärung freigelegt werden könnten. Damit die Verstehensweisen des Menschen überhaupt fungieren können, müssen gegenläufige Voraussetzungen in ihnen selbst schon bewußt geworden sein. Darum ist das ursprüngliche Dasein selbst durch die gegenläufigen Tendenzen in seiner Selbstverständigung ursprünglich auch bedrängt und beirrt. Nur auf eine dieser Beirrungen soll hier hingewiesen sein: Alle sprachlichen Leistungen der Weltorientierung haben im Selbstverhältnis des Sprechers einen unübersteigbaren Ankerpunkt. Darum steht er der Welt als ganzer gegenüber und ist ihr insofern auch enthoben, während er sich zugleich doch als ein Weltwesen unter anderen zu verstehen hat, das an seinen Ort und in seine Lebensgeschichte gebunden ist. Er kann diese Geschichte also gar nicht anders denn als zufällige Bindung seines eigentlichen Daseins erfahren, obgleich sie ebensosehr alles ausmacht, was er überhaupt ist. Die Distanz zwischen seiner Subjektstellung und seiner Weltzugehörigkeit wird ihm damit aber auch ganz ursprünglich zu etwas, das der Interpretation bedarf. So kommt schon diesseits aller Reflexion im bewußten Leben eine Bewegung zur Deutung seiner Wirklichkeit auf. Es gibt keine in einem kulturellen System ausgeprägte Lebensform, die nicht aus einer solchen Deutungsbewegung des bewußten Lebens zu verstehen wäre. Und so zeigt sich, daß zwischen der Grundverfassung des bewußten Lebens und dem Kulturprozeß der Menschheit eine Kontinuität besteht, die mit der Vergesellschaftung und der kollektiven Selbsterhaltung und Bedürfnisbefriedigung durchaus nicht zusammenfällt. Mit ihr ist sie zwar verschlungen, aber so, daß sie auch die Formen mitbestimmt, in denen sich diese Selbsterhaltung organisiert.

Wir wissen nicht, was eigentlich »Denken« ist. Es gibt auch gute Gründe zu erwarten, daß die Hoffnung auf unüberwindbare Grenzen stößt, die Natur des Denkens, das Medium aller Aufklärung sein muß, könne selbst restlos aufgeklärt werden. Der Erkenntnisstand der Denkpsychologie bestärkt diese Gründe auf eine Weise, von der die Philosophie und die Theorie der Wissenschaft bis heute noch keine Kenntnis genommen haben. Zudem ist »Denken« mit dem, was unter »Rationalität« zu verstehen ist, sicher nicht deckungsgleich. Denn der Gebrauch von Vernunft verlangt,

daß das Denken im Bewußtsein von Regeln und von Möglichkeiten des Irrtums geübt werde. Aber das nimmt doch der folgenden These nichts von ihrer Notwendigkeit und ihrem Recht:
Eine umfassende Aufklärung der Rationalität muß zu allererst auf das Denken Bezug nehmen, das im Grundverhältnis des bewußten Lebens als solchem aufkommt. Es geht darauf, das diesem Grundverhältnis selbst innewohnende Dunkel zu lichten und es in eine Verständigungsform zu überführen, in der die Inkonsistenzen überbrückt sind, die mit seiner ursprünglichen Selbstverständigung unvermeidlich eintreten. Dieses primäre Denken ist nun wesentlich *Extrapolation.* Die entbergende Analyse von Lebensformen kann deshalb solches Denken auch niemals ruhigstellen. Sie kann nur zu den Ausgangspunkten zurückleiten, die seine Notwendigkeit und seine Legitimität begründen.
Damit ist dann aber auch erwiesen, daß die Begriffsbildungen der Wissenschaft nicht aus einem eigentlich vernunftlosen Kulturprozeß hervorgehen. Und insbesondere das extrapolierende Denken, das zu Theorieentwürfen führt und das Grundmuster der Verständigung neu strukturiert, ist seiner Form nach mit der Form des Denkens verwandt, aus dem sich der Kulturprozeß als solcher generiert. Und so entfällt der Grund, der dazu zu zwingen schien, der Wissenschaft der Forschung die kulturkritische Diagnose zu stellen. Es ist die denkende Bewegung der Selbstverständigung der Menschheit, welche auch die inkommensurablen Theorieentwürfe der Wissenschaft in eine Kontinuität von Vernunft einbindet.
Damit, daß diese Kontinuität zwischen der Vernunft des bewußten Lebens und der Theoriebildung der Wissenschaft aufgezeigt ist, darf aber die wesentliche Differenz nicht verwischt werden, die dennoch zwischen ihnen zu beobachten ist. Dem läßt sich am besten entgegenwirken, wenn man nunmehr vier Weisen der Rationalität voneinander unter-

scheidet: (1) Die Rationalität der Problemlösung in der Alltagspraxis von Lagebeurteilung und Vorzugswahl, deren Regeln die Entscheidungstheorie zu formulieren sucht, (2) die Rationalität des Suchverhaltens und damit auch des Forschungsganges, (3) die Rationalität der reflektierenden Rückfrage und (4) die Rationalität in der extrapolierenden Entfaltung einer Lebensform. Eine Theorie der Vernunft hätte diese Formen in Beziehung aufeinander zu erklären. Hier aber genügt es, die Differenz und die Relation von Forschungsrationalität und Lebensrationalität zu verdeutlichen.

Die Rationalität des Denkens, aus der Lebensentwürfe hervorgehen, die weder Verdrängungs- noch Unterwerfungsinstrumente sind, ist die der Umstrukturierung von ganzen Systemen. Der Vernunftsinn ihres Denkens ergibt sich daraus, daß sie auf nichts als auf die Problemlage gehen, in die das bewußte Leben hinsichtlich seiner selbst unabwendbar gerät, und daß sie auf sie umfassend antworten. Sie können darum niemals der Form der Theoriebildung in der Forschung folgen, die von vornherein einen Gegenstandsbereich ausgegrenzt hat und die darum stets imstande und kraft ihres Rationalitätssinns auch genötigt ist, ihre Leistungskraft durch Forschungsgänge unter Beweis zu stellen. Die Rationalität des bewußten Lebens schließt zudem mit der gleichen Notwendigkeit jeweils eine Selbstbeschreibung des Erkennenden und somit eine Ortsbestimmung der Rationalität selbst ein, während eine solche Ortsbestimmung von den Rationalitätsbedingungen einer Forschungstheorie geradezu ausgeschlossen wird. Und so wird schließlich auch die Natur des Bedingungszusammenhanges deutlicher, der die Theoriebildungen der Forschung an den Vernunftprozeß der Lebenswelt bindet. Ist Forschung einmal etabliert, so folgt sie der Logik der ihr eigentümlichen Rationalität. Die aber bedarf ihrerseits der Umstrukturierungen ihres jeweiligen Objektbereichs, wenn zuvor akzeptierte Theorien an ihre Leistungsgrenzen stoßen. Die Extrapolation, die allein dann die Forschung in der ihr eigenen Bewegung halten kann, ist stets noch und kann auch nur aus dem Anschluß an die Denkbewegung zustandekommen, welche dem kulturellen Umfeld der Wissenschaft selbst innewohnt. Das heißt nicht, daß die Innovatoren der neuen Theoriestruktur zunächst einmal Diagnostiker ihrer Kultur und Denker der Rationalität des bewußten Lebens hätten sein müssen. Insofern sie Forscher sind, ist das sogar auszuschließen. Wohl aber ist vorauszusetzen, daß sie von der Verständigungsbewegung ihrer Kultur erreicht und in sie einbezogen gewesen sind. Nur so läßt sich erklären, daß neue Theorien der Wissenschaft ihr Zeitalter gerade dadurch beeinflussen, daß sie geeignet sind, die Denkbewegungen zu verstärken, die es ohnedies durchherrschen.

Nun ist aber nicht nur die Theoriebildung der Forschungswissenschaft vom Denken des bewußten Lebens umgriffen. Auch noch der Begriff von Wissenschaft selbst, der als Forschung konzipiert ist, ist von diesem Denken ermöglicht und durchgesetzt und stabil gemacht worden. Denn der durch seine Logik und in der ihn tragenden Personengruppe nur scheinbar gänzlich in sich abgeschlossene Erkenntnisgang der Forschung setzt doch voraus, daß die Selbstverständigung einer Kultur die dem Forscher eigentümliche Subjektstellung und Bewußtseinsweise legitimiert hat. Wer aber ist der Forscher?

Auf diese Frage kann nun nicht mehr, wie zu Beginn, damit geantwortet werden, daß man seine Erkenntnisdisziplin, seine Askese und seine Resignation in die kleine Präzision als Symbol für die ganze Erkenntnis und vielleicht auch seine Bereitschaft zur Dienstleistung für die Selbsterhaltung aufruft. Denn er soll nun nicht nur aus den Normen verstanden werden, denen er sich selbst explizit unterstellt, sondern aus den Möglichkeiten zu einem Selbstbild, durch das er seine in die partiale Erkenntnis gebundene Rationalität in die Lebensdeutungen seines kulturellen Umfeldes einbeziehen könnte. Wer in seiner Kultur der Forscher ist, läßt sich dann verstehen, wenn man sein Profil aus dem Repertoire der Lebensdeutungen des modernen Bewußtseins herleitet: Forschung ist legitim, weil sie die Folgerung aus der Einsicht zieht, daß die Extrapolation des bewußten Lebens anderes als die höchste und sicherste Erkenntnis der platonischen Tradition ist. Sie ist legitim in ihrer Partikularität, weil sie auf einen Felsgrund von Tatsachen stößt und weil sie Bereiche von Wirklichem vergegenwärtigt, an denen deutendes Denken sich abmühen müßte. Sie ist schließlich auch deshalb legitim, weil, nachdem die symbolischen Weltbilder abgestürzt und der Verdacht der Nichtigkeit aller Subjektivität und Rationalität im Haushalt des Universums aufkam, die Vernunft nur über die kontinuierliche Betätigung ihrer Erkundungskraft auch die Gewißheit ihrer Ursprünglichkeit und somit ihrer Autonomie zu erhalten und zu bewähren vermag.

So erklärt es sich, daß große Forscher und Begründer von neuen Formen der Theorie der unverzichtbaren Deutungsbewegung im bewußten Leben gerade dadurch entsprechen, daß sie eine Verhaltenheit gegenüber Verbalisierungen üben, die nur an der Oberfläche des Problemfelds bleiben, in dem sich die Bewußtseinsstellung ihrer Zeit ausgebildet hat. In Max Weber ist diese Form eines Denkens, das die Forschung umgreift, ohne sich von ihr zu lösen, am eindruckvollsten verwirklicht gewesen. In dieser Denkweise ist aber auch das gerade Gegenteil des kleinen Fachstolzes zu sehen, der ängstlich und unfähig zum extrapolierenden Denken noch dabei mitwirkt, die Rationalität des Denkens zu diffamieren, das dem bewußten Leben selbst innewohnt.

Wir haben nur wenige Schritte auf dem Wege der wichtigen Bemühung gemacht, die Lebensdeutung in der modernen Bewußtseinsstellung zu verdeutlichen und den Erkenntnisbegriff der Forschung aus ihr hervorgehen zu sehen. Sie genügen aber, um verstehen zu lassen, warum die Übertragung der Rationalität der Forschung auf den Boden anderer Kulturtraditionen keine geringeren Schwierigkeiten macht als die Übertragung moderner Produktionsformen. Fehlen die Kontextbedingungen, welche die spezifische Subjektstellung der Forschung legitimieren, so bleibt nur die Imitation, die um persönlichen Erfolgs willen, aber auch im Dienst an der Beseitigung der Not gesucht werden kann. Im übrigen bleibt aber die Korruption, die sich sogar aus der Überlegenheit eines bewußten Traditionalismus gegenüber einer Anstrengung, die deutungslos daherzukommen scheint, ohne Rest rechtfertigen läßt. Ganz ausgeschlossen ist, daß ein Forschungsexport, der quer zum kulturellen Umfeld steht, in eine Entwicklung kommen könnte, die sich in irgendeiner Form von Dynamik halten würde, auch ohne stetigen Anschluß an die Wissenschaft, die sich im Rahmen der entwikkelten modernen Bewußtseinsstellung entfaltet. Schließlich ist es ja auch eine durch nichts begründete Vormeinung, daß sich die Dynamik der industriellen Produktion noch nach dem möglichen Ausscheiden der externen Herausforderungen durch das Wirtschaftssystem, das sie zustandekommen ließ, in einem anderen System fortsetzen müßte.

Setzt aber schon die Subjektstellung des Forschers voraus, daß sie von der Rationalität des bewußten Lebens gedeckt und legitimiert wird, so wird um so mehr dies gelten: Die Extrapolationskraft des theoretischen Geistes auch in der Wissenschaft der Forschung muß mit der Extrapolationskraft des ursprünglichen Denkens im bewußten Leben selbst und in der Kulturgestalt seiner Ausdeutung in einer möglichst direkten Verbindung gehalten werden. Es ist eine Illusion zu meinen, der Theoriebildungsprozeß könne in der Entlastung der Forschung von allen Beziehungen zu ihrer kulturellen Umwelt gestärkt werden. Mehr noch als sie dessen bedarf, von äußeren Zwängen freigestellt zu sein, ist sie darauf angewiesen, daß die Schwingungen sie erreichen, die von der Problemlage der Selbstverständigung in ihrer Zeit ausgehen, der sie ihrer ganzen Verfassung nach zugehört. Darum kann der Weg eines jungen Menschen zur Selbständigkeit und Innovationskraft auch in der Forschung kaum der eines Novizen in der Gralsburg eines Forschungsinstitutes sein, – es sei denn, daß dies Institut in das Gravitationsfeld von informellen Verständigungsprozessen einbezogen ist.

Es gibt aber eine Institution, deren eigentliche und eigentlich einzige Funktion die ist, die Vermittlung von Denken und Forschung dadurch zu leisten, daß sie beide in sich einbegreift: Die Universität. Sie verdankt ihre mittelalterliche und ihre moderne Gründung Begriffen von »Wissenschaft« und von »Erkenntnis«, in denen lebensverwandelndes Denken und gesicherte Weltkenntnis noch fugenlos zusammengingen. Die Auffassung der Wissenschaft als Forschung war eine der Folgen davon, daß diese Einheit aufgelöst werden mußte. Darum kann die Universität heute nur dann noch produktiv in ihrer Geschichte stehen, wenn sie eine doppelte Definition erfüllt: Es definiert sie, einerseits ein Resonanzboden für die Problemlage ihrer Zeit zu sein und ein Ort, an dem aufklärende Verständigung über diese Zeit und die für solche Verständigung jederzeit wesentlichen Sachverhalte im Gange ist. Und es definiert sie andererseits, daß sie überall dort, wo sie als Lehrinstitut fungiert, immer zugleich auch in die Wissenschaft der Forschung hineinführt, – und zwar nicht etwa nur zu deren Daten- und Begründungsbestand, sondern zu der Subjektstellung des Forschers und zu den Kontexten für deren Stabilität und Erkundungskraft. Wer der Universität zugehört, und jeder, der Macht über sie oder Verantwortung in ihr hat, muß sich fragen, ob sie auch heute noch Denken und Forschen zusammenhält.

Das Selbstbewußtsein und seine Selbstdeutungen

Über Wurzeln der Religionen im bewußten Leben

I.

Es besteht ein Zusammenhang zwischen dem, was unserem alltäglichen Weltverstehen und der in es eingeschlossenen Selbstverständigung seine Verfassung gibt, und den letzten Aussagen über das uns mögliche bewußte Leben. Solche Aussagen und Orientierungen werden gleichermaßen von den Religionen und von der Metaphysik derjenigen Philosophie erschlossen, die im bewußten Leben selber angeeignet werden kann und somit mehr ist als seine Analyse. Die Philosophie aber ist Nachfolger der Religion in dem doppelten Sinn, daß sie sie ersetzt, – aber so, daß sie die Motive aufnimmt und in ihrer Weise erfüllt, welche die Religion über Jahrtausende zur höchsten Weise bewußten Lebens gemacht haben.

Von jener elementaren Verfassung in unserem Weltverstehen müssen wir in allen unseren Verstehensweisen ausgehen. Wenn wir auch über sie hinausdenken können und müssen, so ist sie doch durch eine andere durchaus nicht zu ersetzen. Die Analyse jeden Verstehens muß Anschluß an sie finden. Diese Verfassung soll deshalb ›das Grundverhältnis‹ genannt werden.

Religionen haben nicht nur diese eine Wurzel. Ihre Vorgeschichte verbindet sie mit dem magischen Weltverstehen. Sie gehen hervor aus dem Fühlen des Menschen, – zumal seiner vitalen Furcht und seiner kaum enden könnenden Hoffnung, – sodann aus dem Tun des Menschen, zumal seinem Gewissen und so aus der Erfahrung von Schuld. Sie verbinden sich mit den ekstatischen Erfahrungen des Besessenseins, des Rausches und der Entrückung, – mit allen Transzendenzerfahrungen im Bewußtsein, die Vorformen seiner selbstbewußten Verwandlung zur Einsicht sind. Und sie nehmen Fragen auf, die selbst schon ihrer Natur nach philosophisch sind, – so die Frage danach, woher die Welt sei, in der der Mensch sich und von der er sich abhängig findet. Alle diese Ursprünge werden im folgenden abgeblendet bleiben. Denn neben und in einem gewichtigen Sinne vor allen diesen Ursprüngen bildet sich die Religion aus in der Antwort auf eine andere Frage: *Wer* eigentlich bin ich?

Diese Frage hat zumindest zwei Dimensionen: Verwirrt in den Möglichkeiten, sich selbst recht zu verstehen, und doch eines solchen Selbstverständnisses bedürftig, sucht der Mensch die richtige Antwort auf sie. Und zudem weiß er im voraus, daß er sich auf das hin zu bewegen und zu wandeln hat, womit ihm eine Antwort gegeben wird: Er muß dem, als was er sich in einem letzten Selbstverständnis begreift, Genüge tun und gerecht werden.

Die Selbstverständigung in einer solchen Antwort wird immer aus dem ursprünglichen Selbstbewußtsein des Menschen erwachsen; und sie wird dieses Selbstbewußtsein verstehend einbegreifen. Sie wird darüber hinaus aber auch in diesem Selbstbewußtsein vollzogen werden. Denn auch noch die subtilste Lebensdeutung muß Kontinuität zur Selbstverständigung im Grundverhältnis gewinnen. Sie ist die Voraussetzung dafür, daß eine Religion und auch eine Metaphysik so angeeignet werden kann, daß sie in keiner Weise dem, der sie aneignet, äußerlich oder gar von außen imputiert ist. Erst dann ist es möglich, daß keine Distanz mehr einzurichten ist oder aufkommen kann zwischen Lebensdeutung und Lebensbewegung. Es ist aber das Ziel jeder Religion und jeder Philosophie, die bewußtes Leben ermöglichen will, eine Form zu gewinnen, die der distanzlosen Aneignung fähig ist, – nicht der, die ohne Prüfung und Wissen von Alternativen erfolgt, wohl aber der, die nicht in der Distanz verharren und von sich erneuernder Fremdheit jederzeit bedroht sein muß.

Die Wichtigkeit dieser Eigenschaft für die Kraft jeder Religion rechtfertigt die Einschränkung unserer Nachfrage auf diese eine ihrer Wurzeln. Irgendeine Einschränkung ist für jede Untersuchung, die in sich selbst zum Abschluß kommen soll, ohnedies unerläßlich. Die Philosophie kann nicht einfaches Denken sein oder auf einem Wege allein zu ihrem Ende kommen. Es ist möglich und nützlich, für alle Philosophie, die bewußtes Leben erreichen will, den folgenden Satz als Axiom zu begründen: Die Wirklichkeit in ihrem eigenen Zusammenhang kann nicht von geringerer Komplexion sein als der komplexeste Gedankengang über sie, der überhaupt noch zur inneren Einheit gebracht werden kann. Darum müssen wir stets Wegen des Gedankens folgen, die nur in Kenntnis dessen begangen werden können, daß sie auf andere Wege aus anderen Anfängen treffen werden. Nur so wird die Welt und unser eigenes Leben in der Beziehung auf sie gangbar auch für das Denken.

Was hier versucht wird, ist nicht mehr als eine solche Wegstrecke auszulegen. Nicht einmal alle Fragen, die sich auf dieser Strecke stellen, werden aufgenommen. Darum mag am Anfang noch eine Bemerkung zur Orientierung über die philosophischen Rahmenbedingungen stehen, die für die Führung des folgenden Gedankengangs maßgeblich sind: Das Grundverhältnis zur Welt, aus dem auch Wurzeln für die Religionen der Menschheit hervorgehen, läßt sich hinreichend bestimmt auffassen durch eine transzendentalphilosophische Betrachtung in ihrer gegenwärtig am weitesten verbreiteten und am wenigsten strittigen Form. Ich werde nicht grundsätzlich über diese Art der Betrachtung hinausgehen und also tiefere Analysen von Aspekten des Grundverhältnisses beiseite lassen. So kann aus vergleichsweise Bekanntem auf vielleicht überraschende Weise neues Licht fallen auf ein ganz anderes aber ebenso ganz vertrautes Menschheitsproblem: Verständigung über den Ursprung der Religionen, die der Philosophie vorausgingen und die zugleich dazu imstande gewesen sind, sich zur entwickelten Kultur des philosophischen Denkens ins Verhältnis zu setzen.

Im Ausgang vom Grundverhältnis läßt sich zeigen, daß die letzten Lebensdeutungen, die distanzlos angeeignet werden können, notwendigerweise verschiedene sind. Diese Verschiedenheit findet den Ansatz für ihre Erklärung in der eigenen Verfassung dessen, was auch sie verständlich machen wollen: Im Grundverhältnis des bewußten Lebens. Die Philosophen neigen zu der Ansicht, daß das Fundamentale auch als einfach anzusetzen sei, so daß sich alle reichere Form durch eine im Aufbau gewonnene Differenzierung ergäbe. So verhält es sich aber nur im Falle von formalen Systemen, nicht aber bei dem, was im bewußten Leben grundlegend ist. Hier ist das Elementare selbst vielgestaltig und sogar in sich disparat, so daß die Verständigung über es und seine Entfaltung in ausgearbeitete Lebensdeutungen auch auf gegenläufige Wege kommen kann und muß. Erst in letzten Vermittlungsgedanken, die aufkommen, wenn solche Wege wirklich begangen waren, kann die ursprüngliche Komplexion samt der ihr eigenen Gegenläufigkeit wieder erreicht werden, – dann aber in einem Einheitssinn, der ein anderer ist als der, welcher dem Grundverhältnis als solchem eignet. Die Anstrengung daraufhin, einen solchen Einheitssinn zu gewinnen, ist, da sie zuletzt noch aus dem Grundverhältnis selbst hervorgeht, natürlich, unabweisbar und auch wahrheitsfähig. Sie kann aber nicht direkt an die Erfahrungen im Grundverhältnis anschließen. Sie setzt voraus, daß die divergenten Wege zu seiner Explikation zuvor ausgezogen worden sind. Aus ihnen bestimmt sich der Ort und ergibt sich eine Rechtfertigung für die Unerläßlichkeit von spekulativem Philosophieren.

Weil nun die Deutungswege, die ohne Rest von Distanz

angeeignet werden können, notwendig mehrere sind, wird es von Grund auf verständlich, daß Kulturtraditionen ursprünglich verschieden und sogar gegensätzlich verschieden, daß sie aber dennoch aus gleichem Ursprung different sind. Eine Theorie der Religion und der Kultur, die aus einer gründlichen Orientierung über ihre Themen entwickelt werden soll, muß drei geläufige Oberflächlichkeiten vermeiden: (1.) Sie darf nicht die Vielzahl der Lebensdeutungen als bloße Tatsache hinnehmen. Kann man diese Deutungen nicht von ihrer Genese her verständlich machen, so bleibt der Vergleich zwischen ihnen notwendigerweise unergiebig und ganz sicher folgenlos. Sieht man nicht, wie intelligente Wesen, die sich von uns in nichts Wesentlichem unterscheiden, ihr Leben ganz in den Kreis einer Deutung stellen und von ihm her eine Form finden lassen konnten, so ist die Beschäftigung mit diesen Formen nur museal und nichts als irgendein Teil der Bemühung der westlichen Moderne, sich alle mögliche Kenntnis auch wirklich zu verschaffen. – (2.) Unbesonnen ist aber auch die Methode, die sich beim Kulturvergleich des Bildes zweier Pole in ihrem Verhältnis zueinander bedient. Früh wurde sie gerade im Nachdenken über Asien und Europa geläufig. Aber obwohl sie wirklich Nachdenklichkeit fördert, kann sie doch nichts erschließen. Sie verstellt geradezu die Aussicht auf das Verstehen einer kulturellen Tradition von innen heraus. Denn ›Pole‹ sind der selbständigen Wirkung nicht fähig, während Kulturen gerade durch ihre Selbstzentrierung ausgezeichnet sind. Sofern sie sich selbstgenügsam entfaltet haben, können sie schließlich auch in eine Beziehung zu anderen kommen. – (3.) Hegel und Comte haben die Vielfalt der Kulturen und Religionen aus einer Theorie eines Stufen- und Entwicklungsganges hin zur definitiven Wahrheit konzipiert. Solange dieses Konzept das einzige war, das eine Möglichkeit anbot, die Formation von Kulturen von deren eigenem Standort aus zu begreifen und dieses Begreifen selbst noch verständlich zu machen, hatte die Entwicklungstheorie größere Überzeugungskraft als ihr heute zugetraut wird. Dennoch wurde sie schließlich von der Einsicht verdrängt, daß sich die Kulturen nicht in linearer Fortschreibung ablösen, daß sie sich auf gleicher Stufe ausschließen können und daß alle bisher wirklich gewordene Weltkultur nur die Fortschreibung einer bestimmten partialen Kulturtradition gewesen ist. Diese Einsicht hat aber noch keine Theorieform von dem gleichen Gewicht hervorgebracht, das der teleologischen Geschichtsphilosophie einst wirklich zukam. So blieben in der Kulturanalyse nur der pure Pluralismus und eine auf dem Pluralismus ausruhende Kulturtypologie, wenn es nicht gelingen wollte, eine gemeinsame Grundlage zu erkennen, von der her sich nicht die Entwicklung, sondern die Divergenz und Gegenläufigkeit der wirklichen Kulturen verständlich machen ließe. Aber nur im Blick auf solche notwendige Divergenz zwischen gleichermaßen berechtigten und der Selbstzentrierung fähigen Lebensdeutungen kann eine Aussicht auf Konvergenz, die sich vielleicht begründen ließe, vom geheimen Anspruch auf Vorherrschaft auf der einen und von der geheimen Zumutung der radikalen Preisgabe der eigenen Tradition auf der anderen Seite freibleiben.

II.

Das Grundverhältnis des Menschen zur Welt schließt viele Faktoren ein. Man kann sie auch bezeichnen als eine Reihe von Überzeugungen, von denen man nicht sieht, wie sie in Frage stehen könnten, – und zwar darüber, wie es sich mit uns und der Welt im ganzen verhält. Einige von ihnen sind zunächst aufzuführen: Die Welt ist eine unauflösbare Versammlung von unermeßlich vielen Einzelnen in einer Ordnung, die für ihren Bestand und für ihren Wechsel gilt. Wir kennen Zustände und Eigenschaften dieser Einzelnen und können weitere kennenlernen oder herausfinden. Wir können Einzelnen auch mehrmals begegnen, sie also wiederfinden. Und da andere Einzelne ihnen ähnlich sind und da weiterhin jedes Einzelne sich auch verändert, ohne ein Anderes zu werden, können wir wissen, wie sich ausmachen läßt, ob wir wirklich dasselbe Einzelne wiedergefunden haben. Auch sind wir selbst Einzelne in dieser Welt von Einzelnheit, und jeder Mensch ist grundsätzlich einer unter anderen, selbst wenn er sich für sich selbst hat einrichten müssen wie Robinson.

Schon deshalb, weil wir Einzelne suchen und wiederfinden können, gehört zu unserer Welt auch der Unterschied zwischen Anschein und Wirklichkeit. Denn wer heraussuchen muß, weiß grundsätzlich von der Möglichkeit der Verwechslung. Daß aber der Anschein wirksam wird, daß also die Suche fehl geht, ist ein Ereignis nicht in der Welt selbst, sondern in dem, der den Fehler macht, sofern er dem Anschein verfällt. Insofern wissen wir, wenn wir von der Welt wissen, immer auch von uns selbst; und wir wissen uns von der Welt als Ganzer schon dann zu unterscheiden, wenn wir von Fehlern wissen, die wir begehen können: Im einfachen Grundverhältnis ist also explizites Selbstbewußtsein notwendig enthalten.

Dies läßt sich auch an der sprachlichen Ausdrucksform des Weltverhältnisses, am einfachen Aussagesatz aufweisen. Daß ich geneigt bin, einen Satz zu behaupten oder anzunehmen, garantiert noch nicht seine Wahrheit. Insofern er einleuchtet, aber doch falsch sein kann, ist auch hier der Unterschied zwischen dem Anschein und dem wirklichen Sachverhalt eingebracht. Und da im einfachen Aussagesatz der Fehler darin liegen kann, daß über ein Einzelnes falsch geurteilt wird, ist mit ihm eine zweifache Möglichkeit des Fehlgehens gesetzt: Ein Fehler bei der Bezugnahme auf den Gegenstand der Aussage und ein Fehler bei der Beurteilung seiner Zustände und Eigenschaften.

Vom Grundverhältnis unablösbar tritt auch Selbstbewußtsein ein. In Beziehung auf Anschein und Fehlgehen in Meinung und Aussage hat es eine Sonderstellung. Es beherrscht nicht, so wie manche Philosophen meinten, das Grundverhältnis und bringt es schon gar nicht aus seiner eigenen inneren Verfassung hervor. Aber in Hinsicht auf Vergewisserung ist es innerhalb des Grundverhältnisses wirklich allen anderen Einzelnen gegenüber ausgezeichnet, und zwar auf dreierlei Weise: Von vielen unserer eigenen Zustände haben wir *unmittelbares* Wissen, in folgendem Sinne: 1. Wir wissen von ihnen so, daß es sinnlos wäre, sich vorzustellen, daß dieses Wissen aufgrund von Schlüssen aus Anzeichen zustandekommt. Wir können wissen, daß wir uns freuen, rein nur deshalb, weil eben dies unser Zustand ist. Es mag zwar sein, daß wir uns über ihn täuschen. Dann können wir aber die Quellen einer solchen Täuschung verschließen und so die Tatsache unserer Freude für uns selbst unverdeckt hervortreten lassen. Daß sie besteht, kann uns aber nicht bewiesen werden. Denn wenn wir von ihr wissen, wissen wir von ihr, insofern sie besteht.
2. Wir wissen unmittelbar, wenn auch nicht unfehlbar, von solchen Zuständen. Von dem Einzelnen, das wir sind, wissen wir dagegen auf eine Weise, die im strengen Sinne nicht fehlgehen kann. Bin ich nämlich auch nur der Meinung, daß ich froh bin, so weiß ich doch unfehlbar, daß es einen gibt, von dem ich diese Meinung habe, und daß ich selbst dieser eine bin. Weder daran, daß ich wirklich bin, noch daran, daß ich mich zu mir verhalte, kann ich in solchem Meinungszustande irgendeinen Zweifel haben. Wenn ich über irgend etwas anderes in der Welt im Zweifel bin, so kann ich am Ende gar nicht anders, als Prüfung und Nachfrage auf meine eigenen Meinungszustände zurückzuleiten, zu denen auch meine Wahrnehmungen gehören. In Beziehung auf meine eigene Stellung in der Welt muß ich alle letzte Gewißheit über das gewinnen, was mir in der Welt begegnet und über dessen Existenz oder Zustand ich im Zweifel bin.

3. Wir können nur identifizieren, was wir in irgendeiner Weise beschreiben können. Denn wir müssen wissen, welcher Art von Einzelnen ein bestimmtes Einzelnes angehört, wenn wir es unter anderen seiner Art sollen herausfinden können. Insofern wissen wir auch von einer Beschreibung, die auf *uns* zutrifft, wenn wir unfehlbar von dem einzelnen wissen, das wir selber sind. Insofern unser Wissen von uns unfehlbar ist, muß diese Beschreibung *unabweisbar* sein, und sie kann nur aus den Eigenschaften gewonnen werden, die uns zum selbstbewußten Wesen in einer Welt machen: Einer, der zu sich unmittelbar und unfehlbar im Verhältnis steht, ist *Person* in der Kernbedeutung dieses Wortes. Und so weiß jeder Mensch im Grundverhältnis von seiner Personalität auch dann, wenn dies Wort in der Sprache nicht zur Verfügung steht. Die Kernbedeutung erfüllt auch gar nicht den vollen Personsinn, den unser Wort in der Sprache mit sich führt, – daß nämlich eine Person in der Kontinuität ihrer Vertrautheit mit sich lebt und aus ihr heraus zu selbständigem Handeln befähigt ist. Doch im noch unvollständigen, aber fundamentalen Sinn, sich auch aus der eigenen Vertrautheit mit sich zu verstehen und zu beschreiben, ist ein Sinn von Person eine notwendige Implikation des Grundverhältnisses.

Die Analyse des Grundverhältnisses ließe sich vertiefen und in weitere Komplexionen entfalten. Im Fortgang wesentlicher ist es aber nun, auf seinen Aufbau zu achten. Das Grundverhältnis ist unauflösliche Einheit. Keines der Momente, die unterschieden wurden, kann bestehen, ohne daß alle anderen gleichfalls bestünden. Und somit kann auch keines die anderen rein nur aus sich erklären. Sie sind gleichursprünglich in Beziehung aufeinander. Und so kann auch das Grundverhältnis nur in einem Nu und als Ganzes ins Dasein kommen. In der Entwicklungsgeschichte des einzelnen Menschen muß es darum spontan aufkommen. Sein Gebrauch kann nicht gelernt, nicht anderen abgesehen, nicht vorgeführt werden. Wer nicht schon in es eingetreten ist, kann es nicht begreifen, was auch immer die Vorformen von Erfahrung sind, die es ablöst und teils verdrängt, teils in sich einbezieht. Weder in selbständige Elemente noch in die Aspekte seiner Genesis kann es aufgelöst werden.

So ist es einheitlich, aber durchaus nicht im Sinne von uniform. Es hat seine Einheit im *Fungieren*, im gleichzeitigen Insspielbringen aller seiner Momente, und es ist auf keine Weise als Komposition zu begreifen. Aber das heißt nicht, daß seine Verfassung homogen wäre. Daß seine Einheit im Fungieren besteht, geht damit zusammen, daß das, was in dieser unauflösbaren Einheit steht, sofern man es für sich betrachtet, doch von einer Art ist, die es in Gegensatz zu dem bringt, mit dem es kofungiert, und zwar dann, wenn man es nicht nur in seinem Fungieren, sondern als etwas betrachtet, das wie anderes zur Welt gehört. Disparat sind ihrer Verfassung nach auf der einen Seite die Einzelnen, von denen wir im Grundverhältnis fehlbare Erkenntnis gewinnen können, und die Verfassung des Einzelnen auf der anderen Seite, das wir selber sind, sofern wir von uns Kenntnisse haben, die nicht fehlgehen können.

Ehe auf diese Gegenläufigkeit des näheren eingegangen wird, muß noch mehr über unser Verstehen im Grundverhältnis gesagt sein. Wir haben auch ein Wissen vom *Eintreten* seiner unauflösbaren fungierenden Einheit. Gerade weil es nur als ganzes möglich und doch divergent in sich ist, kann es nicht aus sich selbst heraus erklärt werden. Insofern verweist es auf einen Grund jenseits seiner. Der ist allerdings unausdenkbar in dem Sinne, in dem denkbar das ist, was im oder im Ausgang vom Grundverhältnis gedacht werden kann. Die innere Verfassung des Grundverhältnisses muß also in Beziehung auf diesen Grund inkommensurabel sein.

Es gibt am Rande der Weltorientierung durch das Grundverhältnis auch Einblicke in seinen Hervorgang, etwa in Erinnerungsspuren an frühkindliche Erfahrung, in der alles Begegnende nicht Einzelnes, sondern Anmutung war. Solche Spuren können, wenn auch zweideutig, gestärkt werden durch Kenntnisse von der Entwicklungsgeschichte menschlicher Individuen. Das Grundverhältnis hat aber auch in sich selbst Grenzen. So besteht Einzelnes nur in Dimensionen, mit denen wir beim Umgang mit Einzelnen rechnen müssen, ohne sie selbst wie Einzelne auffassen zu können. Auch erwachen wir täglich zum Grundverhältnis. Und zudem gibt es wirklich Erfahrungen reiner Bewußtheit, in denen der Objektbezug zwar nicht entfallen, aber doch suspendiert ist in dem Sinne, daß er im gesamten Bewußtseinszustand nicht mehr betont ist. In solchen Erfahrungen lassen sich vermutlich Analoga zu Zuständen erreichen, die den entwicklungsgeschichtlichen Vorformen des Grundverhältnisses nahekommen, – so der Gewahrung von Mustern der Umgebung in reiner Gegenwart ohne Objekte und der Zentrierung der Welt auf einen Punkt des Gewahrens hin, in dem aber kein bewußtes Selbstverhältnis aufgekommen ist. Alle diese Erfahrungen ruhen aber auf dem Grundverhältnis auf und werden im Zusammenhang eines bewußten Lebens gemacht, das nur im Selbstverhältnis seine Form gewonnen hat. Es gibt keinen Weg zurück in die Ursprünge unserer Welterfahrung. Sprache, Handeln, Denken, Selbstbewußtsein machen das aus, was wir sind. Alle Verwandlungen, die nicht geleugnet werden dürfen und durch die wir sogar erst zu unseren eigentlichen Möglichkeiten kommen, geschehen doch nur von ihm her und durchgängig in der Voraussetzung seiner. Sie sind von der Art von Wandlung, die den Fortbestand nicht in Frage stellt, die insofern Steigerung, nicht Ablösung ist. Sofern wir denkend leben, leben wir zwar auf ein Anderes hin, aber nicht aus der Welt heraus, deren Nicht-Notwendigkeit wir zugleich und jederzeit verstehen.

Obgleich der Gehalt dieser Feststellungen vergleichsweise einfach ist, reicht er doch zur Kritik von philosophischen

Positionen aus, die leicht einleuchten und Nachfolge finden. So kann die Phänomenologie nicht im Recht sein, wenn sie meint, Vorformen des selbstbewußten Lebens zu reiner Gegebenheit bringen und in ihr beschreiben zu können. Wenn es auch diese Vorformen gibt, so sind sie doch durch das Grundverhältnis unwiederbringlich abgelöst. Unser Leben ist in sich selbst transzendental verfaßt. Und unser Wissen von ihm ist daher schon Bewußtsein von der Weise, wie wir in ihm und kraft seiner denken, und zwar auch über dies Leben selbst. So ist unsere Vertrautheit mit ihm nicht mit der anschaulichen Gegebenheit eines Sachverhalts zu vergleichen. Unzulänglich ist auch die Orientierung an einem vermeintlich grundlegenden Verhältnis eines Erkenntnissubjektes auf einen Gegenstand. Ein solches Verhältnis besteht, aber es ist nicht fundamental. Das Subjekt ist gleich ursprünglich damit, daß es sich zur Welt verhält, selbst auch ein Einzelnes in ihr und insofern, obgleich strukturgebend für das Grundverhältnis, in es auch einbegriffen.

Kurzschlüssig ist schließlich auch jeder Gedanke, der, umgekehrt zum vorausgehenden, aus dem Umstand, daß das Grundverhältnis gegenüber dem Subjekt vorgängig ist, folgern will, die Welt sei selbstgenügsam und das Selbstbewußtsein abkünftig von ihr. Denn die Verfassung des Grundverhältnisses schließt Selbstverständnis ein, so daß sie ohne es unbegreiflich ist. So ist die Welt ursprünglich, aber nicht subjektlos. Das *ganze* Grundverhältnis ist abkünftig. Es ist aber unausdenkbar abkünftig, so daß am wenigsten gerade das Selbstverhältnis von anderem her gewonnen werden kann. In der Welt, sofern sie offen und in unser Verstehen einbegriffen ist, hat das Selbstverhältnis eine ausgezeichnete, unhintergehbare Stellung.

Es ist nun näher zu erwägen, in welcher Weise wir uns dessen bewußt sind, daß das Grundverhältnis einheitlich in seinem Fungieren, dennoch aber das Gegenteil eines Kompositums ist, und was die Aussage begründet, daß seine Fak-

toren nicht von einer Art sind, sondern unvereinbaren Grundtypen zugehören und eben deshalb irreduzibel aufeinander sind:
Was im Selbstverhältnis unmittelbar bekannt ist, hat einen anderen Status als das, was uns unter Bedingungen möglichen Fehlgehens im Verstehen zugänglich ist: Es ist sozusagen ›restlos‹ offen und genau in der Weise, in der es besteht, auch schon zugänglich für unser Wissen. Das Wissen von Einzelnem ist aber von anderer Verfassung als dessen Bestehen, und nicht so beschaffen, daß es in Einem mit diesem Bestand auch schon eingetreten sein könnte.
Von diesem Unterschied haben wir nun sogar notwendigerweise ein Bewußtsein. Denn nur über eine Einstellungsveränderung können wir uns einerseits auf Dinge in der denkenden Welt orientieren, andererseits auf das konzentrieren, was sich im Gewahrwerden eigener Zustände erschließt. Das eine läßt sich aber nur im Wissen um die Möglichkeit des anderen gewinnen. So wissen wir von dieser Doppelung dessen, was doch so zusammengehört, daß keines von beidem als entfallen gedacht werden kann.
Damit hängt zusammen, daß unser Bewußtsein in sich selbst veränderbar ist, daß es also nicht nur untereinander Inkommensurables gibt, dessen wir uns bewußt sind, sondern auch ganz unterschiedliche Weisen der Bewußtheit. Denken wir Einzelnes in Kenntnis der Möglichkeit des Fehlgehens unserer Gedanken, so besteht eine andere Art von Bewußtsein als in der Konzentration auf das, was im bezeichneten Sinne unmittelbar bekannt ist und auch als solches aufgefaßt wird. Daß das Bewußtsein schon in seinem natürlichen Vollzug in verschiedene Modi eintritt, ist übrigens eine wichtige Voraussetzung dafür, daß es auch in seinen Selbstdeutungen gewandelt werden kann und nicht nur unter Bedingungen seiner Alltäglichkeit neue Meinungen über sich oder über die Welt annimmt.
Den divergenten Modi der Bewußtheit entspricht im Inhalt

dessen, was in diesen Modi aufgefaßt werden kann, ein Unterschied zwischen *Ontologien*. Wenn wir uns über das unmittelbar vertraute Leben theoretisch verständigen müßten, würden wir aus den Evidenzen dieser Vertrautheit heraus einer anderen Beschreibungsweise den Vorzug geben müssen als die es ist, die wir annehmen und für angemessen halten, wenn wir uns über die Welt der Einzelnen in der gleichen Allgemeinheit orientieren. Das unmittelbar vertraute bewußte Leben läßt sich auf vielerlei Weise ontologisch analysieren. Es kann hier gleichgültig bleiben, welche von ihnen am Ende standhält: Die Beschreibung als ›Strom‹ der Erlebnisse, als System von Synthesen und Akten, als Prozeß, dessen Grundform einen spekulativen Begriff von ›Geist‹ erfüllt. Alle diese Sprachformen ergeben Ontologien, die Ereignisse ohne Substrate als grundlegenden Weltbestand kennen und die die Einheit eines Wesens als die Einheitsform solcher Ereignisse auffassen können. Die Ontologie der Welt der Einzelnen ist aber die aristotelische: Eigenschaften und Zustände werden von vornherein in Beziehung auf Einzelne gedacht, die selbst nicht von der Form des Ereignisses sind. In der Ontologie der Welt des Grundverhältnisses sind also Ereignisse nur als Zustands- oder Relationsänderungen und damit relativ auf eine Dingontologie zu beschreiben. Für die Ontologie des bewußten Lebens gilt gerade das umgekehrte Verhältnis.

Aus dieser Gegenläufigkeit läßt sich begreifen, welches die ganz eigentümliche Stellung der Person im Grundverhältnis ist. Denn die Person ist einerseits Einzelnes in der Welt. Die Besonderheit dieses Einzelnen besteht aber gerade darin, daß ihm Selbstbewußtsein zukommt und daß somit sein eigentliches Wesen eine Verfassung hat, die in der Ontologie der Einzelnheit gar nicht einbegriffen sein kann. So ist nicht nur das Grundverhältnis selbst, sondern der Mensch, der in diesem Grundverhältnis lebt und aus ihm sich zu verstehen hat, das Gegenteil von begreifbarer Einheit. In keiner Form der

Selbstbeschreibung, die anzunehmen er vorbereitet ist, kann er sich begreiflich sein. Und er weiß auch schon von der Gegenläufigkeit der Tendenz zur Selbstauffassung, sofern er im Grundverhältnis zu Bewußtsein kommt. Er lebt sein Leben, und das Fungieren aller Aspekte, die zu ihm gehören, ist für ihn schlechtweg außer Zweifel.

Aber seine eigene Verfaßtheit ist dunkel für ihn. Und man hat jeden Grund zu sagen, daß sie in Hinsicht auf eine mögliche theoretische Verständigung insofern paradoxal ist, als alle Mittel, die für eine solche Verständigung im Grundverhältnis zur Verfügung stehen, vor ihr versagen müssen.

Wir wissen alle, daß unser natürliches Leben von beidem durchzogen ist, – von Fraglosigkeit des In-der-Welt-Seins und von der Beirrung über uns selbst. In einer Hinsicht sind wir Zentrum der Welt, in anderer ein fragiles und hinfälliges Weltding, – wir sind Einzelner unter vielen Einzelnen und zugleich innerhalb unserer selbst eines selbstgenügsamen Lebens fähig, – und wir sind schließlich dies alles aus einem in seinem Dasein gewissen, seiner Beschaffenheit nach aber schlechtweg unverständlichen Grunde.

III.

Selbstdeutungen sind entwickelte und abschließende Selbstbeschreibungen des bewußten Lebens im Grundverhältnis. Sie sind so beschaffen, daß sie aufgenommen werden können in das ursprüngliche Selbstbewußtsein, und zwar so, daß sie selbst eine Modifikation seiner Bewußtheit bewirken und in die vorausgehenden Modifikationen seiner Bewußtheit eine Kontinuität einbringen. So sind Selbstdeutungen also weder Erklärungen des Grundverhältnisses aus einer Ursache oder die Angabe der Bedingungen, unter denen es wirklich hervorgeht. Noch sind sie Beschreibungen bewußten Lebens in

einer Weise, welche die Möglichkeit der Aneignung in diesem Leben und der Verwandlung seiner Bewußtseinsform dieses Lebens ausschließt.
Das Selbstbewußtsein im Grundverhältnis geht wesentlich auf Selbstdeutung aus. Und das versteht sich daraus, daß schon in seine ursprüngliche und unabweisbare Selbstverständigung zwei disparate und im Grundverhältnis unvereinbare Komponenten eingehen. Der Mensch kann sich nur zu sich selbst verhalten, sofern er sich zugleich als Person versteht. Und so versteht er sich als Einzelnes ›mit‹ subjektivem Leben. Was ist aber der Einheitssinn meiner, der durch dieses ›mit‹ in Anspruch genommen wird? Was für ein Wesen bin ich eigentlich? So wird einsichtig, wieso im Grundverhältnis die Frage aufkommen muß, die auch am Ausgang unserer Überlegungen stand.
Sie wird sich mit einer anderen Frage verbünden, wenn man erwägt, daß, wie es gezeigt wurde, das ganze Grundverhältnis unter Einschluß des Selbstbewußtseins aus einem unausdenkbaren Grund kommt, von dem es dennoch ein nicht spezifizierbares Wissen hat. Da es sich so verhält, wird die Beziehung zu diesem Grunde selbst die Form einer Frage annehmen: ›Woher komme ich?‹ Und auch im Lichte dieser Frage, die ihrerseits unabweisbar ist, wird die Frage ›wer eigentlich bin ich?‹ gestellt.
Die Gegenläufigkeit von Selbstzentrierung und Selbstrelativierung im Grundverhältnis treibt schließlich eine dritte Frage hervor. Denn der Mensch hat sein Leben zu vollziehen und darin auch auf Wandlungen seiner Bewußtheit vorauszusehen. Angesichts der Gegenläufigkeit von Selbstzentrierung und Selbstrelativierung im Grundverhältnis kann er sich entweder auf ein selbstgenügsames subjektives Leben oder auf ein Leben als Einzelner in der Welt unter allen hin orientieren. Und so ist ihm die Frage ›worauf zuletzt soll ich mich stellen?‹ ebenso natürlich wie die nach dem, wer eigentlich er ist. Sie kann auch schon diesseits alles Tuns und

Verantwortens im Grundverhältnis aufkommen. Im Zusammenhang des tätigen und verantwortenden Lebens muß sie sich aber in aller Ausdrücklichkeit stellen. Denn es gibt ein Handeln aus vernünftigem Selbstbezug, ein Handeln um willen der Bewahrung einer Gemeinschaft und ein Handeln im Dienst einer höchsten Möglichkeit des bewußten Lebens. Sie sind nicht nur Stufen einer Entwicklung vom praktischen Egozentrismus zur praktischen Objektivität, sondern auch letzte Gesichtspunkte von Rechtfertigung, von denen sich jeder gegen die anderen verteidigen läßt.

So ergibt sich die Dreizahl von Fragen: Woher komme ich? Wer eigentlich bin ich? Wohin geht mein Weg? Denn der Disparatheit unter den Komponenten des Grundverhältnisses entspricht die Disparatheit der Orientierungen des Lebens. Und insofern die erste wesentlich bewußt ist und die zweite notwendigerweise zum Problem wird, entsteht auch das Bewußtsein des Zusammengehörens dieser Fragen schon im alltäglichen Leben.

Jede Antwort auf die Fragen nach unserem Ursprung, unserem Wesen und unserem Weg, die der Situation gerecht wird, in der sich die Fragen selbst erheben, muß aber notwendig eine Forderung zur Transzendierung eines der Momente im Selbstsein einschließen. Denn keine Antwort kann die Disparatheit der Momente aufheben, und jede muß eines von ihnen zum verläßlichen Punkt ihrer Orientierung machen. Transzendieren des gegenläufigen Moments muß aber etwas ganz anderes heißen als es wegzuschaffen. Es gehört wesentlich zum Grundverhältnis, kann also nur zu einem Untergeordneten und Unwesentlichen werden, so daß es nicht mehr die Modifikation des Bewußtseins im Grundverhältnis bestimmt. Der Überstieg über das Grundverhältnis ergibt freilich seinerseits eine eigene und neue Modifikation der Bewußtheit, die sich im Anschluß an das Moment im Grundverhältnis ausbildet, das dem Überstieg seine Orientierung gab.

Man kann schon in diesem Zusammenhang, so elementar er ist, und so sehr in ihm von allen praktischen, emotionalen und von allen Weltgründen zur Religion abstrahiert ist, in einem nur auf Verständigung und Deutung bezogenen Sinn von einer ›Erlösung‹ des Selbstbewußtseins sprechen, – von seiner Befreiung nämlich zur Eindeutigkeit der Selbstorientierung, zu einem wohlbestimmten Ort in einem verstandenen Ganzen und in das Ende der Unruhe, die aus der Verwirrung und dem Dunkel kommt, das die natürliche Welt beherrscht.

IV.

Die großen Selbstdeutungen des Selbstbewußtseins haben aus der Erfahrung dieser Verwirrung die Möglichkeit einer solchen Erlösung aus der Irre zur Klarheit erschlossen. Sie gingen als umfassende Deutungen auch aus ganz anderen Wurzeln der Religion hervor. Insofern sie aber Antworten auf Fragen sind, die mit dem bewußten Leben des Menschen gestellt sind und insofern sie damit eine Vernunftnatur haben, sind sie Weisen, das Grundverhältnis des Menschen zur Welt zu begreifen und zu verwandeln. So geben sie in einem einheitlichen Verstehen Antwort auf die Frage ›Wer eigentlich bin ich?‹ und sie weisen einen Weg zur Verwandlung des Menschen in die Verwirklichung dieses Verstehens auf, der immer ein Weg zur Selbsttranszendierung sein muß, nämlich ein Weg aus dem bloßen Fungieren und der in ihm selbst nicht auflösbaren Unklarheit des Grundverhältnisses hinaus. Der Weg, den die Religionen aufweisen, muß zudem dazu geeignet sein, zu einer Verwandlung des Bewußtseins und zu einer neuen Modifikation des Bewußtseins zu führen, die mit der Annahme der Lebensdeutung einhergehen kann. Denn auch dies ist eine notwendige Bedingung

dafür, daß diese Deutung einer Aneignung ohne Distanz fähig ist.
Zwei Selbstdeutungen des Selbstbewußtseins lassen sich mit gleichem Recht aus dem Grundverhältnis herleiten. Sie unterscheiden sich dadurch voneinander, daß sie in Kenntnis des unausdenkbaren Ursprungs *entweder* die Einzelnheit der Person *oder* die Reinheit des bewußten Lebens als letzte Orientierung für den Menschen aufrichten. Die eine von ihnen wird die Transzendenz von der Einzelnheit in die vorindividuelle Lebenswirklichkeit lehren und fordern, die vor allem am Bewußtseinsleben der Person aufgewiesen werden kann. Da sie von dem wegdenkt, was der Ontologie der Einzelnheit ihre Evidenz gibt, wird sie notwendig monistisch verfaßt sein, gleich ob sie ihr Höchstes und das Muster des befreiten Lebens in Analogie zu einem absoluten Selbst oder als überindividuelle, in sich undifferenzierte Wirklichkeit denkt, was wiederum entweder reine Bewußtheit unter Dementierung der Selbstform oder Selbstpreisgabe auch noch der Bewußtheit als Aussicht des Menschenweges zur Folge haben kann.
Dieser Möglichkeit steht diametral entgegen die Möglichkeit der Forderung zur Aufgabe der Subjektivität, die als eitle gedeutet wird, in die Ordnung der Dinge, welche durch die höchste Person erwirkt, garantiert und erneuert wird. Das Denken dieser Religion ist notwendig pluralistisch; es kann ein Einzelnes ohne Welt von Einzelnen auch nicht als höchstes Einzelnes zulassen. Aber sie muß den höchsten Einzelnen denken, da nur er für die Ordnung der Einzelnen einstehen und zugleich der Garant der Personalität sein kann, – gleich ob er nun streng monotheistisch oder nicht, ob er als Schöpfer-Gott oder nur als Welterhalter gedacht wird.
Beide Formen der Religion verlangen die Aufgabe der Selbstzentrierung des endlichen Einzelnen, indem sie eine Ausdeutung des Grundverhältnisses im Blick auf den innerhalb seiner unausdenkbaren Ursprung geben. Aber sie tun es

in gegenläufigem Richtungssinn. Religion und Ontologie des Monotheismus bestätigen im Grundverhältnis den Ansatz für die Ontologie der Einzelnheit. Religion und Ontologie des Monismus bestätigen dagegen die reine Ereignishaftigkeit des bewußten Lebens im innerweltlichen Geschehen und machen sie zum Muster einer Weltinterpretation, die auch noch das mit ihr im Grundverhältnis Unvereinbare in ihre Deutung einbezieht.

Aus dem Verhältnis der beiden Lebensdeutungen zueinander ist zu begreifen, daß das natürliche Selbstbewußtsein ohne Vorbehalt in jede dieser Deutungen eintreten und daß es sich in sie verwandeln kann. Aber jede der Deutungen trägt in sich auch die zureichenden Gründe für ein Wissen von der Möglichkeit der anderen. Denn jede Deutung weiß von dem, womit die gegenläufige Deutung einsetzt und was sie zu ihrem eigenen Absoluten steigert. Diese Gründe können auch zur Bedrohung für sie werden. So war der Monotheismus in seiner Geschichte ständig und, wie wir einsehen können, notwendig von einer Bedrohung begleitet, die er selbst als ›Mystik‹ beschreibt. Umgekehrt sind die monistischen Religionen und Meditationslehren von der Einsicht bedroht, daß die Einzelnheit eine letzte Wirklichkeit ist und daß sie als Personalität auch zur Wesensverfassung des Menschen gehört, so daß sie preisgegeben nur zum Selbstverlust und nicht zur Befreiung führt.

Es ist also zu erwarten, daß die großen Selbstdeutungen sich auf diese Bedrohungen einlassen werden und daß sie versuchen müssen, deren Evidenzen in sich zu integrieren. So muß man die Trinitätslehre des Christentums nicht etwa als eine Verstärkung des Personalismus, wie sie zumeist verstanden wird, sehen. Sie ist das Gegenteil davon: Die Integration der wirklichen Form reiner Ereignisse, die hier als ›Liebe‹ und ›Geist‹ erfahren werden, die aber einer anderen Ontologie zugehören als die des Personalismus es ist, in die Ontologie der reinen Personalität. Umgekehrt darf es nicht als bloße Akkommodation an geringe Bedürfnisse gelten, daß der Hinduismus in seiner Vielgötterwelt und der Buddhismus auf seinem Weg zum großen Fahrzeug die Wirklichkeit der Einzelnheit auch ihres Höchsten bestätigten, das eigentlich nur als anonyme Bewußtheitsmacht gedacht werden dürfte.

Daß die großen Religionen nur als Versuche solcher Synthesen zu einer universalen Wirkung kommen können, läßt sich als zwangsläufig verstehen. Daß aber auf ihren Wegen eine solche Synthese wirklich gelingen könnte, muß bezweifelt werden. Ihr Weg ist der des Überstiegs über das Grundverhältnis kraft der Steigerung einer seiner Momente zum Absoluten. Ihr Denken in der Antwort auf die Dunkelheit der Grundsituation, ohne das sie nicht die Kraft zum Universalismus über die Grenzen der Völker und Kulturen hinweg haben könnte, hat nur in diesem Ausgang und in diesem Überstieg seine Sicherheit. Daß sie die Wege der anderen Lebensdeutung in ihr eigenes Bild von Leben und Welt auf ihre Weise einbeziehen, ist notwendig, aber auch der Quellpunkt ihrer Schwäche, sofern man sie nur unter Gesichtspunkten eines mit dem Denken in Übereinstimmung bleibenden bewußten Lebens betrachtet.

Daraus ergibt sich die Folgerung, daß die großen Selbstdeutungen der *Philosophie* bedürfen. Sie sind selber Weisen zu denken, wenn auch solche, die Gründe nur zusammen mit den Evidenzen einer Möglichkeit der Bewußtseinsverwandlung gelten lassen. Und ihr Denken führt sie in Situationen, in denen sie ihre Universalität nur bewahren können, wenn sie ein Denken freisetzen, welches über das von ihnen selbst entfaltete hinauszugreifen vermag. Und solches Denken kann allein das der Philosphie sein, und zwar der Philosophie als spekulativer. Sie allein eröffnet, wenn eine solche überhaupt besteht, die Aussicht darauf, bewußtes Leben und Einzelnheit nicht nur in beirrbaren Gedanken und tiefen Symbolen, sondern in einem Begreifen, das standhält, zu-

sammenzubringen. Im Grundverhältnis gibt es kein homogenes Verstehen von Dingwelt und Selbstsein. Und mit den Mitteln der in der Grundsituation selbst fungierenden Gedanken ist es nicht zu erreichen. Wir müssen also über die Grundsituation hinausdenken, – aber nicht von ihr weg, sondern sozusagen aus ihr heraus auf Eines hindenken, in das sie sich am Ende als ganze und im Begreifen ihrer Disparatheit wieder einbringen läßt. Das verlangt aber zwingend eben jene kontrollierte Abweichung von der in der Grundsituation verwurzelten Sprache, welche für alles spekulative Philosophieren charakteristisch ist. Nur in ihr und durch sie können Ontologiegrenzen in einem konsistenten Denken überschritten und auf natürliche Weise unvermittelbare Ontologieformen in die Einheit einer einzigen Begriffsform gebracht werden. Insofern ist spekulatives Denken eine Menschheitstendenz. Die Lebensdeutungen der großen Religionen setzen sie selbst schon frei, indem sie sich ihren Widerpart anverwandeln. So bewahren sie sich ihre humane Überzeugungskraft. Dafür geben sie aber auch die Klarheit ihrer Symbole preis und verstricken sich ganz in einen unversöhnbaren Streit zwischen divergenten Auslegungen ihres eigentlichen Wesens. Und so öffnen sie sich selbst schließlich einem Denken, das die ihnen innewohnende Wahrheit anerkennt, allerdings nur so lange, wie es nicht zu der Konsequenz fortschreitet, anderen Einsätzen der Lebensdeutung ein gleiches Recht zu bestätigen.
In solchem Denken ist der Hervorgang des Einzelnen als solchen aus einer reinen Prozessualität zu denken, die selbst nichts Einzelnes voraussetzt. Und nur in ihr läßt sich Einzelnes denken, das sich aus sich selbst heraus in reine Prozessualität überführt. Nur wenige Denker haben diese Aufgabe in ihrer ganzen Tragweite erkannt und auf sich genommen. Aus der Geschichte der modernen Philosophie muß man zumal Spinoza, Fichte und Hegel nennen. Es überrascht nicht, daß gerade sie imstande waren, auch in die Geschichte

der wirklichen Wandlungen des Selbstbewußtseins der Menschheit einzuwirken. Und es überrascht auch nicht, daß gerade sie, die der religiösen Lebensdeutung Wahrheit zusprachen und neue Tiefe zuwachsen ließen, des gefährlichsten Atheismus beschuldigt worden sind.

Das Unternehmen des Denkens, dem sie verpflichtet waren und das ihnen verpflichtet ist, öffnete, und nicht nur für ihre Zeit, die einzige Aussicht auf eine Selbstdeutung, die im Ganzen des Grundverhältnisses unseres bewußten Lebens ihren Ausgang hat, – ohne wesentliche Faktoren seines Fungierens zu verdrängen, ohne sein Dunkel für Klarheit auszugeben und ohne unverzichtbare Tendenzen zur transzendierenden Verwandlung des Bewußtseins niederzuhalten. Doch darf man nicht den Wissensstatus solcher spekulativen Metaphysik verkennen: Sie offenbart nicht den wirklichen Zusammenhang im Fungieren des Grundverhältnisses. Sie folgt nur denkend einer Tendenz und Aufgabe, die aus diesem Grundverhältnis mit Notwendigkeit hervorgeht. Insofern kann sie niemals Wissenschaft werden, wohl aber alles Denken und somit auch Wissenschaft in einer Vernunft des bewußten Lebens zum Abschluß bringen. Das ist ihre Wahrheitsvergewisserung und ihre Würde. Denn ebenso, wie das Grundverhältnis aus einem unausdenkbaren Ursprung kommt, kann es nur in einem unaufweisbaren Abschluß Ganzheit gewinnen. Und darum ist Denken in der Extrapolation der erfahrenen Wirklichkeit das einzige Medium, in dem solcher Abschluß sich erreichen läßt. Was die kodifizierten Religionen etwa ›Glauben‹ nennen, heißt für das Denken ›Leben in und aus Ideen‹. Damit ist angezeigt, daß dieses Denken reine Rationalität und darin auch höchste Form der Bewußtheit zu sein vermag. Insofern ist es allerdings anderes als die professionelle Arbeit von Philosophieexperten, deren Lebensführung der des Wissenschaftsbetriebs angeglichen sein muß. In Wahrheit gibt es keine universale Religion in der Phase der Entfaltung der religiösen Erfahrung zum Selbstbewußtsein, in der solches Denken nicht schon am Werke wäre, – wenn auch niemals freigesetzt von den Bindungen an die jeweiligen Codices der sakrosankten Texte.

v.

Wir haben gezeigt, daß aus dem Grundverhältnis heraus einsichtig wird, daß die großen Selbstdeutungen des Menschen notwendig in verschiedene Wege ihre Richtung nehmen müssen. Überraschend ist nicht ihre Vielfalt, vielmehr wäre Einheit unter ihnen von Beginn an die eigentliche Überraschung und sogar eine Sinnwidrigkeit.

Aber ebenso zeigt es sich, daß in diesen divergierenden Selbstdeutungen, sofern sie ganz und frei haben angeeignet werden können, notwendig die Möglichkeit beschlossen ist, andere Religionen zu verstehen, und zwar als frei angeeignet und aus den grundlegenden Erfahrungen des bewußten Lebens selbst. Wo immer eine Religion in dieser Weise frei angeeignet ist, weiß sie auch etwas von der Kraft der gegenläufigen Möglichkeit, Grundfragen in Beziehung auf sie selbst zu stellen und darin eine Herausforderung für sie zu sein. Insofern ist schon im Grundverhältnis des bewußten Lebens angelegt, daß es keine Möglichkeit zu dauernder Selbstzentrierung einer Tradition der Menschheit geben kann, sofern sie überhaupt Wahrheit in sich hat.

Wir leben in einer Zeit, in der das Sichaussetzen aller Traditionen unausweichlich geworden ist. Die faktischen Lebensverhältnisse in der Moderne und vor allem die von ihr geschaffene Beweglichkeit haben insuläre Traditionen unmöglich gemacht. Aber mit dem faktischen Ausgesetztsein ist noch keine produktive Öffnung verbunden. Es kann im Gegenteil auch Tendenzen der Zersetzung verstärken, zumal die Moderne sich stumm ausbreitet und den Verzicht auf alle

Selbstdeutung nahezulegen scheint und vielen sogar aufzwingt. Indem sie einzig auf freie und zumal auf kodexfreie Aneignung drängt, hält sie das Verstehen dessen, was eigentlich anzueignen wäre, nieder und begünstigt die Unfähigkeit, solche Aneignung im bewußten Leben wirklich zu vollziehen. Das kann sie um so mehr, als das Grundverhältnis in der impliziten Bewußtheit der Größe der Aufgabe, die eine wirkliche Lebensdeutung zu erfüllen hat, aus sich heraus Widerstand gegen kurzschlüssige Aneignungen freisetzt. Dieser Widerstand erfolgt stumm und ist von stumpfer Aneignungsunfähigkeit äußerlich kaum zu unterscheiden, aber in Wahrheit doch solidarisch mit der Aufgabe, die eigentlich auszutragen wäre, und in der Bereitschaft, auf wirklich erschließendes Denken sich ganz einzulassen.

Es zeigt sich auch, warum die primären Hochreligionen, einmal in ihrer Tradition herausgefordert, ein solches Denken nicht leisten können, das dem Grundverhältnis letzthin entsprechen würde, so daß die Stummheit entfallen und die Zunge sich lösen könnte. Dazu bedarf es der Philosophie. Das mag ein großes Wort sein. Aber es ist dann doch nicht Vermessenheit, wenn es nur der Einsicht nachgibt.

Man weiß nicht, ob und in welchem Maße gegenwärtiges und zukünftiges Denken zu dem wird führen können, was ohne es überhaupt nicht gewonnen werden kann. In der westlichen Welt gibt es keine Form der Selbstverständigung, von der nicht leicht aufgewiesen werden könnte, daß sie unabdingbar Platons Denken voraussetzt. Philosophen haben auch die Lebensformen der Modernität ins Dasein gebracht. Und ohne die beredte Sprache von Hobbes und Rousseau hätte die Stummheit der späten Modernität keine Wirkungskraft. Ob diese Moderne, welche die Transparenz der primären Deutungen erzwang und die auch die Denkform der spekulativen Philosophie ermöglichte, in eine Selbstdeutung überführt werden kann, die in größere Tiefe reicht und die sich zu den großen Selbstdeutungen des

Selbstbewußtseins in ein neues Verhältnis zu setzen vermag, muß unausgemacht bleiben. Es ist auch möglich, daß eine Bewegung im Gange ist, in der alle Selbstdeutung schließlich zum Erliegen kommt. Aber diese Frage hat für das Denken, das dem bewußten Leben selbst unverzichtbar ist, ein beinahe alles entscheidendes Gewicht. Wir müssen die Deutungsbewegung, die im Grundverhältnis des bewußten Lebens einsetzt, für etwas ganz anderes als eine monumentale Nichtigkeit halten. Dann aber dürfen wir auch auf die Zukunft eines Denkens voraussehen, das die Traditionen der Menschheit in jene Nähe zu bringen vermag, die nur ein im Grunde gemeinsamer Ursprung und eine am Ende gemeinsame Sache geben kann.

Selbstbewußtsein und spekulatives Denken

I.
Philosophie als Kritik und als Integration

1. Die Welt ist mindestens so komplex, wie der komplexeste Gedanke von der Welt, den wir zu denken imstande sind. Diesen Grundsatz anzunehmen, muß dem besonders leichtfallen, der davon überzeugt ist, alles Wirkliche sei eigentlich materiell. Denn dann sind auch Gedanken materielle Prozesse. Und die materielle Welt begreifen heißt, materiell Wirkliches unter Einschluß aller Gedanken von ihm begreifen, also unter Einschluß der kompliziertesten unter ihnen. Und daraus folgt der Grundsatz unmittelbar. Aber auch diesseits von allen Vorentscheidungen zugunsten einer bestimmten Verfassung der Welt ist die Orientierung an dem Grundsatz für alle Philosophie von Bedeutung und Nutzen.

Philosophie hat die Aufgabe radikaler Nachfrage. Sie ist Suche nach der Begründung von schlechtweg grundlegenden Annahmen und daher Kritik von solchen Annahmen, sofern sie in unbegründetem Gebrauch sind. Ebenso sehr, und in einem damit, hat sie aber ein anderes Ziel. Es kann ›Integration‹ heißen. Sie muß die wohlbegründeten Einsichten untereinander und mit unbeantworteten, aber unabweisbaren Fragen so zusammenbringen, daß sich ein Ganzes ergibt, welches nicht selbst wieder radikale Nachfrage auf sich zieht. ›Integration‹ entspricht also im formalen Sinne der umfassenden Zuordnung wohlbegründeter Meinungen dem, was als ›System‹ einst vom Philosophen erwartet wurde (während das heute Erwartete eher die Abstinenz von ihm ist): umfassende Erklärung des Wirklichen im Ganzen in einem vom Philosophen selbst auszubildenden Erklärungszusammenhang.

Integration ist unmöglich ohne Prinzip. Wird ein Zusammenhang aufgewiesen oder hergestellt, so immer in Beziehung auf eine Weise oder Regel der Zuordnung, die aber, soll Integration erreicht werden, nicht die der addierenden Aufführung von Einsichten oder Tatsachen sein kann. Mit der Suche nach einem Prinzip, das radikale Nachfrage anleitet und zugleich auch Integration zu gewinnen erlaubt, beginnt für die Philosophie notwendig die Gefahr, die Problemlage zu unterbieten, durch die sie selbst definiert ist. Denn je schärfer sich das Prinzip formulieren läßt und je sicherer es erlaubt, unbegründete Meinungen aufzulösen, um so eher wird es auch dazu geeignet sein, für komplexe Tatsachen einfache Erklärungen zu geben und die Integration von gesicherten Einsichten aus der Zurückführung auf einfache Elemente, die ihnen gemeinsam zugrundeliegen, zu gewinnen. So scheint theoretische Kraft sich aus theoretisch einfachem Ausgang herzuleiten. Und so versteht man, warum die Geschichte der Philosophie nahezu aufgeht in die Reihe von Rückgängen auf ein zuvor verstelltes Einfaches und in die ihnen entsprechende Reihe der ›Rettungen der Phänomene‹ in ihrer wirklichen Komplexion, die, sofern sie den Reduktionen gewachsen waren, aus eigener radikaler Nachfrage zu kommen hatten. Der eingangs formulierte Grundsatz bewahrt davor, die Philosophie als radikale Nachfrage und die aus ihr folgende Kraft zur Reduktion für die ganze Philosophie gelten zu lassen.

2. Philosophie ist dem Menschen natürlich. Das heißt nicht, daß jeder Mensch eine Philosophie habe, also eine Weise, radikal nachzufragen und die Welt als Ganze zu sehen. Wohl aber heißt es, daß er die Möglichkeit zu solchem Fragen und Denken kennt, daß es spontan in ihm einsetzt und daß es nur von Scheu und der Gewohnheit, die mit der Scheu im Bunde steht, niedergehalten werden kann. Doch geschieht solches Denken in Ansätzen, die sich wie Spuren der Einsicht ausziehen und erlöschen. Ein einziges Wort, das aus langem

Nachdenken oder in plötzlicher höchster Wachheit gesprochen wird, kann ganze Klarheit darüber, wie es ist, zu geben scheinen. Aber solcher Worte sind viele, und was sie aussprechen, öffnet eine Perspektive, die andere verschließt oder ausschließt, um in die ihr eigene Klarheit zu kommen. Klarheit, die momentan ist, scheint auch partial zu sein. Aus einer Einsicht, die sich jetzt erschließt, kann wohl eine Philosophie extrapoliert werden, aber keine solche, die standhält in jeglichem Moment. Erst sie wäre Integration. So weiß sich der Mensch, der von Natur aus nicht nur auf Einsicht aus ist, sondern auch zu ihr kommt, von jeder Philosophie, die ihn festlegt, auch überspielt, – sogar von der eigenen. Immer gibt es gegen sie Einsichtiges festzuhalten.

3. Daß die Klarheit originärer Einsicht eine maximale Reichweite hat, die mit dem Bereich des Einsichtigen nicht zur Deckung kommen kann, mag ein Gesetz sein, unter dem die natürliche Intelligenz als solche steht. Aber auch ein ganz anderer Grund steht dafür, daß natürliches Denken mit partialer Einsicht anhebt: Philosophie rechtfertigt nicht nur und interpretiert nicht nur Wirkliches; sie ist zugleich Interpretation des Denkenden selbst. In solchem Denken lokalisiert er sein Leben, – ob und wodurch es wesentlich ist oder ephemär, ob und wodurch es zuletzt in Zustimmung oder in Negation zu sich und zur Welt zu stehen habe oder ob es nur in gleichgültigem Dahingehen zu verbringen sei. Jeder weiß, daß sich Weltformeln, die mit solchen Selbstortungen verbunden sind, in den Phasen und Widerfahrnissen des bewußten Lebens auf vielerlei Weise nahelegen. Und um ihretwillen kann gesagt werden, daß jedes Leben nicht nur faktischer Ablauf, sondern eine Deutungsgeschichte ist. Nicht die Einsichtsspur, die zuletzt aufkommt, sondern die Summe der Antwort auf alles im Ernst Gedachte und Erfahrene kann mehr als Abbruch und Ende, kann Abschluß dieser Deutungsgeschichte sein. Und nur in ihr kann ein Leben Menschheitserfahrung überhaupt in sich aufnehmen. So

kann die Summe nicht die einfache Extrapolation von momentaner Einsicht sein.
Die Philosophie als Disziplin muß dem denkenden Leben, das nur als solcher Cursus und nur in einer Summe unverstellt und vollendet sein kann, eine Sprache und Möglichkeit zur begründeten Verständigung geben. Darum muß sich jeder Versuch zum Begreifen der Welt, in welcher sich der Cursus des Lebens vollzieht, zu einer Form ausarbeiten, die es erlaubt, alle Spuren von Einsicht, die im Cursus selbst anheben, in sich zu bewahren. Er muß und kann sie nicht schlechtweg bestätigen, wohl aber ihren Einsatz begreifen und sich zu ihm als Ganzem ins Verhältnis setzen. Dies ist auch die mindeste Bedingung dafür, daß eine in der Disziplin ausgearbeitete Philosophie im bewußten Leben als seine Summe angenommen oder auch nur in Betracht gezogen werden kann. Formen der radikalen Nachfrage werden leicht akzeptiert, – aber als Mittel des Erkenntniserwerbs, als Instrumente der Kritik oder auch um in Rechtfertigungsnot wenigstens scheinbar zu bestehen. Schließen sie aber den Raum für das Verstehen des Lebensganges, der stets Spuren der Einsicht auszieht, wollen sie gar dieses Verstehen durch geordnetes Lernen ihrer Methoden ersetzen, so hat der, der sie erwägt, zwischen Selbstdeformation und unnachgiebigem Vorbehalt gegen sie zu wählen. Letzteres ist die wirksamste Form des theoretischen Widerstandes auf seiten derer, denen eine theoretische Selbstrechtfertigung explizit nicht gelingen will.
4. ›Linear‹ kann man Theorien nennen, die aus einem von einem einfachen Grundprinzip her organisierten Satz von Axiomen aufgebaut sind und die als solche für ihren Sachbereich erschöpfend sein sollen. Es ist nicht auszuschließen, daß sich eine philosophische Gesamttheorie von dieser Aufbauform auch als für ein Lebensverständnis angemessen erweist. Aber das ist in hohem Maße unwahrscheinlich. Lineare Theorien waren als Methoden und Ergebnisse radika-

ler Nachfrage von geschichtlicher Bedeutung. Die Theorien aber, welche die Phänomene zu retten und den Raum für bewußtes Leben in der Philosophie zu bewahren hatten, waren vieldimensional. Ihr geschichtlich wirksames Grundmuster ist von Platon entworfen und von Leibniz und Kant in die philosophische Gegenwart übersetzt worden. Sie gehen, auch in der Biographie ihrer Gründer, auf die Überzeugung davon zurück, daß philosophische Wahrheit nur dann zu erlangen ist, wenn viele Einsichten eigenen Ursprungs und Rechts festgehalten und ausgewiesen werden können. Sie verhalten sich somit nicht nur zu der einen Beirrung, die sich daraus ergibt, daß radikales Nachfragen ohne Antwort war, sondern zu der Beirrung ganz anderer Art, die sich dann ergibt, wenn eine Option zwischen gleichermaßen unverzichtbaren Einsichten unausweichlich zu sein scheint. Insofern sind sie schon von ihrem Ansatz her in Übereinstimmung mit den Erfahrungen eines bewußten Lebens, das sich nicht auf befreiende Selbstbeschränkung aus einer einzigen Einsicht verstehen kann, die im Moment zum Durchblick in seinen Grund kommt, sondern das sich auf eine Summe konfligierender Lebenstendenzen und Bewußtseinsstellungen angewiesen und angelegt weiß.

Aber die Theoriegeschichte der letzten Generationen war von neuen Formen der radikalen Nachfrage beherrscht. Die vorausgehende Epoche hatte Systeme hervortreten sehen, welche das bewußte Leben des Menschen mit allen seinen Formen zu einer philosophischen Weltinterpretation in Entsprechung bringen wollten, und sie hatte in Hegel ihren Gipfel erreicht. Ihm folgten Theorien aus ganz anderem Zugriff, welche das Bewußtseinsleben des Menschen aus ihm selbst entzogenen Prozessen zu erklären unternahmen, so daß sich die Radikalität ihrer Nachfrage zuerst gegen dessen Selbstdeutungen zu wenden hatte. Sie erklärten diese Deutungen aus den Reproduktionsbedingungen der Gesellschaft und aus der Art oder der Repression seiner natürlichen

Antriebe. Sie prägten eine Rationalität, die aus der Verweigerung jeder Theorie kommt, die Lebenstendenzen des Menschen in der Fluchtlinie von deren eigenen Intentionen denken könnte. Und sie schienen sich in Übereinstimmung mit dem Durchbruch zu einer Naturwissenschaft zu bringen, welche die Zentrierung auf den Stern und dann auch auf die Wahrnehmung des Menschen aufgehoben hatte, und zwar dadurch, daß sie sein eigenes Leben in die gleiche Distanz zu sich brachten, in der es zuvor zum materiellen Universum gekommen war. Diese Rationalität ist während der letzten fünfzig Jahre in der Ausbildung von wissenschaftlichen Theorien über die Determinanten bewußten Lebens konkret geworden. Es wurden Verfahren entwickelt, welche die wissenschaftliche Distanz des Menschen zu sich über ihre Abhängigkeit von erhellenden Hypothesen hinausbringen sollen. Im Blick auf Mathematik, Computerwissenschaft, behavioraler Psychologie und Linguistik hat die Philosophie Motive dieser Verfahren in ihrer eigenen Theoriebildung entweder eingebracht oder selbständig antizipiert. Nur so konnten sich Sprachanalyse und eine ganz neue Form des philosophischen Materialismus als Theorien geltend machen, von denen viele meinen, daß in ihnen alle Fragen der Philosophie, sofern sie legitim sind, eine dauernde Lösung finden.

5. Dieser Tendenz war schon früh ihr natürlicher Widerpart entgegengetreten, zuletzt am wirksamsten in den verschiedenen Formen der Existenzphilosophie. Sie schloß sich der Nachfrage nach den Wurzeln der Selbstdeutungen des Menschen an, verweigerte sich aber der reduzierenden Schlußfolgerungen, auf die linear angelegte Theorien am Ende hinauslaufen müssen. Reduktion ergibt sich nicht schon aus dem Rückgang auf das Einfache. Denn die könnte doch zu hoher Differenzierung entwickelt werden. Sie folgt aber auf die Leugnung, daß die Summe des Verstehens die Anerkennung der Gegenläufigkeit von Einsatzpunkten zur zwingenden

Voraussetzung hat. Und eben diese Reduktion ist mit dem Abgang vom multidimensionalen Aufbau der Theorie unvermeidbar geworden.

Daß Existenzphilosophie aber wesentlich Korrektiv und nicht der Selbstbewegung fähiges Denken ist, zeigt sich am deutlichsten daran, daß sie zu einer Integration, die Theorie ist, gar nicht gelangen kann. Sie will zwar nicht nur die innere Bewegung des Verstehens im gelebten Dasein des Menschen wahrheitsgemäß und überzeugungskräftig aufzeigen, sondern die Zusammenhänge herausheben und aufklären, aus welchen es Form und Einheit in seinem Verlauf gewinnt. Doch fehlt ihr die Möglichkeit, zwischen allem, in dem die menschliche Erfahrung Einheit hat, und der ihr selbst eigenen Weise der Analyse und Mitteilung, einen durchsichtigen Zusammenhang herzustellen. Die Theorietradition, aus der Hegel hervorging, war auf der Entdeckung begründet, daß Bewußtseinsbewegung und Theorieaufbau nach dem grundsätzlich gleichen Formprinzip erfolgen. Das setzte sie instand, zu wirklichem Aufschluß über die Erfahrungsgeschichte von Bewußtsein zu kommen: Indem sie ihr denkend folgte in der Weise, in der sie sich aus sich generiert, nicht nur über sie Bericht zu geben. Die Existenzphilosophie muß aber, grundsätzlich betrachtet, berichtend verfahren. Sie hat sich als Phänomenologie und somit von Verfahren her verstanden, die es zu erlauben scheinen, auch aus dieser Distanz heraus sich dessen zu versichern, daß sie die ursprünglichen Verstehensweisen des gelebten Lebens selbst erreicht. Doch zeigte sich stets, daß zu profunden Analysen nur zu gelangen war, wenn zusätzlich Anleihen bei Theorien anderen Ursprungs gemacht wurden, die das leisten konnten, was auch mit subtilen Formen der Deskription nicht zu erreichen ist: Eine Struktur vorzugeben, in der das implizite Verstehen von ihm selbst her zur Sprache zu kommen vermag. Doch eben diese Vorgabe ist nach dem Selbstverständnis der Existenzphilosophie und ihrer historischen Rolle,

Korrektiv zu sein, gerade nicht legitim. Es ist unmöglich, der Sache, welche die Existenzphilosophie im Zeitalter der reduktiven Theorien behauptete, anders als dadurch zu ihrem Recht zu verhelfen, daß die philosophische Grundtheorie als solche wieder einen Raum freigibt, in den diese Sache eingetragen und in dem sich das ihr eigene Verstehen entfalten und wiederfinden kann. Die Einsichten, welche die Theorien aus radikaler Nachfrage erbrachten, legen eine solche Theorie auf die Erwartung fest, daß die Aufdeckung dieses Verstehens mit einer Verwandlung überkommener Selbstbeschreibungen einhergehen wird. Aber diese Verwandlung kann nicht auf die Kapitulation vor irgendeiner der Verständigungen über den Menschen hinauslaufen, welche aus einer der reduktiven Theorien seiner jüngsten Theoriegeschichte hervorgegangen sind.

6. Unbegründet ist die Meinung, daß die neuere Geschichte der Wissenschaften alle Vernunft auf das reduktive Konzept verpflichtet. Universalwissenschaftliche Strategien sind niemals überzeugender als in der Periode, in der sie noch Programme sind, die aus radikaler Nachfrage hervorgehen. Dies Jahrhundert ist ebenso wie die Zeit ihrer Formulierung auch der Zeuge ihres Scheiterns geworden. Am meisten belehrt dies Scheitern nicht dort, wo die Programme nicht durchzuführen sind wie im Falle des Behaviorismus oder, wie noch zu zeigen sein wird, der These von der Sprachimmanenz alles Verstehens, sondern dort, wo ihre Unmöglichkeit selbst zu einem beweisbaren Theorem einer Grundtheorie wird, so wie es im Falle der limitativen Theoreme der Beweistheorie in der Mathematik geschehen ist. Diese für alle Formalwissenschaften grundlegende Theoriesituation muß allererst noch in der Philosophie zur Geltung kommen.

7. Was nun Verstehen und Bewußtseinsgeschichte betrifft, so besteht wenig Anlaß zu der Meinung, eine Theorie, die sie zum Thema hat, sei auf die Perspektive ihrer Integration in eine naturalistische Universalwissenschaft festgelegt. Sie ist

es weit weniger jedenfalls als die Mathematik des Jahrhundertbeginns, welche eine widerspruchsfreie Universalbegründung erwartete. Eine Theorie des Verstehens ist notwendig in einer näher zu bestimmenden Weise selbstreflektierend, insofern sie das zur Domäne hat, dem auch Theoriebildung als solche zugehört. Was die limitativen Theoreme für formale Theorien ergaben, läßt sich in dieser Domäne a fortiori erwarten. So töricht es wäre, die gesteigerte Kraft zu Aufschluß und Überzeugung zu ignorieren, welche der Naturalismus gewonnen hat, so wäre es doch nur Anpassung und Mangel an Besinnung, würde man ihn zur Hauptprämisse für jedes theoretische Programm machen, das bewußtes Leben thematisiert. Im Unterschied zur Theorie materieller Prozesse befindet sich unsere Verständigung über bewußtes Leben weiterhin in dem Zustand, in dem sich die Physik vor Aristoteles befand: Es fehlt sogar die weltweite Sammlung der Befunde, von der Zuordnung der Fakten und Ansätze zur durchgreifenden Einsicht zu schweigen. Was immer wir heute zu ihr beitragen, es muß im Wissen davon geschehen, daß selbst dann, wenn solche Theorie sich als Forschung verstehen könnte, sie sich erst in Jahrhunderten ins Ganze einer Grundtheorie würde fügen können. Doch würde auch in ihr zumindest mit limitativen Theoremen zu rechnen sein. Wer auf ein Ganzes hin denkt und dabei die Situation verkennt, in der er dies tut und, was bewußtes Leben betrifft, notwendig tut, kann sich nur in dem durch Platon definierten Sinn lächerlich machen. So ist eine Theorie, die Raum für die Aneignung in bewußtem Leben läßt und erschließt, nicht nur um dieses Lebens willen, sondern um willen der Vernünftigkeit der Theorie selbst das Gebot.

Resümiert man, so ist von einer Theorie, mit der bewußtes Leben in freier Übereinstimmung sein kann, unter Bedingungen der Gegenwart zu erwarten: Daß sie nicht linear angesetzt ist, sondern die Gegenläufigkeit von Einsätzen der Einsicht in sich selbst zur Geltung kommen läßt; daß sie es erlaubt, die Geschichte des Verlaufs bewußten Lebens von dessen eigenen Blickpunkten aus als eine einheitliche Struktur zu begreifen; daß sie gegen die Durchblicke der radikalen Nachfrage und die Aussicht auf wissenschaftliche Theorie nicht vom Ansatz her abgeschlossen ist, ohne sich gegenüber beiden von vornherein abhängig zu machen. In dem durch diese Marksteine bezeichneten Feld wird sich die folgende Skizze entfalten.

II.
Selbstbewußtsein, Form und Wirklichkeit

8. Die Verstehensmöglichkeiten des Menschen gehen nicht in seiner Vernunftfähigkeit auf. Wenn aber eine Begriffsform gesucht wird, in der sich diese Verstehensformen in einem Einheitszusammenhang erschließen, so ist der Ausgang von den einfachsten Formen wahrheitsfähigen Verstehens legitim und angeraten. Denn sie sind in keinem Verstehen, worauf es sich auch gründet und wohin es sich auch ausdehnt, zu übersehen oder gar zu eliminieren. Das Maß an struktureller Differenzierung, das schon ihnen zukommt, kann nicht unterschritten werden. Und was immer in einem Ganzen von Verstehen einleuchtend an sie angeschlossen werden kann oder von ihnen sich herleitet, kann von daher als bewahrheitet gelten. Dies ist der Gesichtspunkt, unter dem sich eine Form der Analyse, welche ›transzendental‹ heißt, durchgesetzt hatte und unter dem sie, sofern Philosophie zu einer Grundlegung überhaupt imstande ist, auch das am meisten einleuchtende Verfahren einer Grundlegung bleibt. Sie orientiert sich an der einfachen Aussage in der Form des Subjekt-Prädikat-Satzes und den Bedingungen ihres sinnvollen Gebrauchs.

Gegen solchen Ausgang wird ein Argument geltend gemacht, das allen Fundamentalismus unmöglich machen soll: Sprachliche Leistungen sind erlernt und in ihrer Bedeutung von den erlernten Gebrauchsbedingungen abhängig; jede sprachliche Ausdrucksform, auch die scheinbar grundlegendste, muß somit als variabel gelten und kann nur als relativ zentral in einem wirklich in Gebrauch befindlichen Verbund sprachlicher Bedeutung angesehen werden.

Dem ist entgegenzuhalten, daß transzendentale Analyse in ihr selbst nicht in Anspruch nimmt, ewige Gesetze zu entbergen. Sie erschließt einen Zusammenhang des Fungierens von intelligenten Leistungen, hinsichtlich derer nicht einzusehen ist, wie sie unabhängig voneinander gebraucht werden könnten. Ist der Zusammenhang sichtbar geworden, so kann erst beurteilt werden, ob es Sinn macht, damit zu rechnen, daß statt seiner ein anderer Zusammenhang in Gebrauch sein könnte, welcher dem, der die Grundbedingungen unseres Verstehens ausmacht, äquivalent ist oder in irgendeiner Weise ihm entspricht. Und in jedem Fall ist ein Unterschied zu machen zwischen Alternativen zu den einfachsten Verstehensformen und der Relativität zwischen Menschheitskulturen. Auch um deren Differenz verstehen, ja überhaupt nur wahrnehmen zu können, ist die Orientierung auf das Implikationsgefüge des einfachsten Verstehens der unerläßliche Ausgangspunkt. Die nötigen Kautelen vorausgesetzt, bleibt es deshalb legitim, ein Grundverhältnis im Weltverstehen in Ansatz zu bringen.

9. Zu Recht hat Kant seine Philosophie auf den grundlegenden Zusammenhang zwischen dem Gebrauch von Sätzen in der Subjekt-Prädikatform und der Möglichkeit des Selbstbewußtseins begründet. Was immer im Grundverhältnis für transzendentale Analyse einsichtig wird, ist als von ihrer Verfugung her aufgebaut zu sehen. Zunächst versteht sich dies Verhältnis in doppeltem Sinne. a) Ist der Satz der elementaren Form eine Aussage über Dinge oder Ereignisse, so sind diese an der Subjektstelle des Satzes als bestimmte Ein-

zelne bezeichnet. Weil sie von anderen Einzelnen müssen unterschieden werden können, sind sie unter der Präsumption ihrer Identität angesprochen. Sofern diese Identität muß sichergestellt werden können, ist die Verfügbarkeit eines Verfahrens unterstellt, durch dessen Gebrauch eines von anderen gleicher Art unterschieden werden kann. Und das setzt wiederum voraus, daß es möglich ist, Einzelnes von Einzelnem abgehoben aufzuzeigen. Insofern ist in der einfachen Satzform die Verfügbarkeit von indizierenden Funktionen wie ›dies‹, ›hier‹ und ›jetzt‹ und von Funktionen unterstellt, welche die Indizierung anleiten, deren wichtigste die Auswahlfunktion ›ein anderes‹ oder (für Paare) ›das Andere‹ ist. Indizierende Funktionen setzen nun aber voraus, daß der Gebrauch der ersten Person singularis beherrscht wird. Es ist eine geläufige Tatsache, daß ›dies‹ nichts indiziert, wenn unbekannt ist, von welchem Standpunkt her die Indizierung erfolgt. Der aber, der seinen Standpunkt zu erkennen gibt und sich selbst als Inhaber eines besonderen Standpunktes bezeichnet, verwendet das Personalpronomen in der ersten Person singularis: ›ich‹.

b) Hat der elementare Satz mit der Subjekt-Prädikatform nicht Einzelnes, sondern beliebige, etwa abstrakte Sachverhalte zum Thema, so zeigt sich die Verfugung dieser Form mit der Möglichkeit von Selbstbewußtsein auf eine andere Weise; Satzform schließt die Möglichkeit zur Satzbehauptung ein. Die aber ist auf der Möglichkeit zur Begründung und zur Rücknahme der Behauptung im Falle ihres Unbegründetseins fundiert. Das schließt wiederum ein, daß sich der Behauptende nicht nur zum Satz, sondern auch zu seinem Meinungszustand diesseits und jenseits der Behauptung verhalten kann. Er tut es, wenn er weiß und meint, daß es ihm scheint oder daß es ihm schien, ein Satz sei wahr, so daß er sich behaupten und begründen läßt. ›Es scheint‹-Sätze sind also Sätze, die Selbstbewußtsein implizieren. Denn wenn einer weiß, daß ›ihm‹ etwas scheint, so eben weiß er von sich.

10. Wer ist nun der, der von sich Selbstbewußtsein hat? Diese Frage scheint ebenso natürlich wie es auf sie auch nur eine natürliche Antwort zu geben scheint. Dennoch führt diese Antwort zu offenkundigen Verkürzungen. Jede andere Antwort aber führt in die erheblichsten Komplikationen.
Natürlich scheint die Auskunft, Selbstbewußtsein habe die Person, die sich an bestimmtem Ort zu bestimmter Zeit der Sprache bedient; mittels der ersten Person singularis nehme sie auf sich und auf ihre eigene sprachliche Äußerung Bezug. Zwingend scheint diese Auskunft für den Fall der indizierenden Leistungen. Die Indices fixieren Stellen in Raum und Zeit, und ›ich‹ ist selbst ein solcher Index. So scheint zu folgen, daß nur, was wesentlich an Orten und in Momenten lebt und sich äußert, im Besitz und ein Adressat von Selbstbewußtsein ist.
Das Natürliche in dieser Folgerung verflüchtigt sich aber, wenn man nunmehr den zweiten und allgemeineren Fall der ›Es scheint‹-Sätze erwägt. Derjenige, dem etwas scheint, ist durch den ganzen Zusammenhang der Geschichte seiner Meinungen und seiner erfolgreichen und fehlgehenden Begründungen definiert. Es ist ganz unausweichlich anzunehmen, daß alle wahren und fehlgehenden Meinungen, soweit sie ohne Mitteilung aufeinander bezogen sind, einen Zusammenhang ausmachen, der von möglichen anderen zumindest ebenso eindeutig unterschieden ist wie eine Person von einer anderen Person. Insofern er einer ist, der sich über die Stadien der Meinungsgeschichte durchhält, hat er diesseits aller raum-zeitlichen Identifizierung eine eigene Form von Identität. Sie macht es notwendig, korrelativ zur Person vom Subjekt zu sprechen.
Wir sind ursprünglich beides, Person und Subjekt, und das eine nur, insofern wir das andere sind. Denn kein Wesen ist als Person anzusprechen, das nicht zumindest eine Meinungsgeschichte hat. Wir beziehen uns auf uns als Person, insofern wir uns als einen unter anderen Einzelnen anspre-

chen, die im Zusammenhang des Gebrauchs der Satzform der Indizierung fähig sind und so auf jeweils eine Stelle in Raum und Zeit festgelegt werden können. Wir beziehen uns auf uns als Subjekt, insofern wir unseren jeweiligen Meinungszustand auf andere solche Zustände bezogen wissen und in deren Einheitszusammenhang die Adresse des ›mir‹ sehen, durch das jeder Satz von der Form ›es scheint‹ konstituiert ist.

Mit Beziehung auf den sprachlichen Ausdruck für Selbstbewußtsein, auf das ›ich‹, läßt sich die mit ihm verbundene doppelte Identitätsverneinung so markieren: Die erste Person singularis sondert den, der sie gebraucht, nach seiner Identität auf zweierlei Weise aus: Indem das ›ich‹ dem ›er‹ oder ›du‹ direkt korreliert ist, als Person unter Personen; indem aber das ›ich‹ dem ›es‹ der dritten Person neutrum direkt korreliert ist, als Subjekt aus allen Entitäten und Sachverhalten insgesamt. Wir verstehen uns gleich ursprünglich als einer unter den anderen und als der Eine gegenüber der ganzen Welt.

11. Man kann des weiteren einsehen, daß die auf Indizieren beruhende Evidenz in einer wesentlichen Hinsicht der anderen Evidenz untergeordnet ist, die sich in Meinungszuständen ergibt. Zwar kann über Gegenstände und Ereignisse ganz unvermittelt indizierend berichtet werden. Erhebt sich aber Nachfrage nach der Verläßlichkeit solcher Berichte, so setzt eine andere Kette der Rechtfertigung ein als die es ist, die sich damit ergibt, daß ein Satzsinn an die Möglichkeit der Beobachtung seines Gegenstandes gebunden sein kann. Diese erste Kette führt zur Fixierung einer Entität unter anderen durch Indices. Es ist aber auch zu fragen, was es ausschließt, daß letzte Beobachtungen nur vermeintliche sind. Der, dessen Sicherheit im Beobachten in Frage steht, kann von sich selbst nicht grundsätzlich nur unter Bedingungen sprechen, die ihrerseits Beobachtungen in Anspruch nehmen. Wäre es so, dann würde der Sinn des Gebrauchs der ersten Person

von der Möglichkeit zur Selbstbeobachtung abhängen, während doch Beobachtung umgekehrt voraussetzt, daß die Indizierung erfolgreich gehandhabt werden kann, deren Apparat seinerseits von der ersten Person her organisiert ist, deren erfolgreicher Gebrauch wiederum als jederzeit möglich in Anspruch genommen werden muß. Es muß für jeden, der überhaupt Beobachter ist, zuvor schon möglich sein, zu Sätzen über sich selbst zu kommen, ohne daß er sich als Person unter Personen nach seiner Personidentität aussortiert. Nur in Beziehung auf die Wahrheit solcher Sätze läßt sich dann auch seine Verläßlichkeit als Beobachter beurteilen. In solchen Sätzen spricht sich ein Subjekt schlechtweg berechtigt einen Zustand zu, ohne daß eine intersubjektive Kontrolle, also Beobachtung, auch nur möglich wäre. Und der reinste Fall solcher Sätze mit Selbstzuschreibungen sind Sätze über eigene Meinungszustände. Wenn einer berichtet, daß es »ihm scheint«, etwas verhalte sich so, so kann ihm nicht angemutet werden, den Wahrheitswert dieses Satzes zu überprüfen. Aber auch viele Sätze über andere eigene Zustände haben denselben Status. Was immer in solchen Sätzen gewußt wird, ist als Zustand dessen gewußt, der weiß. In ihnen etabliert er sich gegenüber allem, was nicht er selbst ist, also in und gegenüber einer Welt, nicht nur der Mitwelt allein, – als Subjekt.

Es ist wichtig, sich klarzumachen, daß das Wissen von Meinungszuständen in keiner der Bedeutungen von Unmittelbarkeit unvermittelt ist, welche in der Geschichte der Erkenntnistheorie eine Rolle gespielt haben: Es beruht auf überlegter Unterscheidung, ist also weder einfach noch intuitiv, und es verbindet nicht einen Zustand, in dem das Subjekt sich befindet, mit einer zur Mitteilung geeigneten Satzform in der Weise, in der Wissen zu spontanem Ausdruck in einem wohlformulierten Satz kommen kann. Was in ihm unmittelbar in dem Sinne ist, daß es nicht über eine diskriminierende Instanz vermittelt werden kann, ist das

Wissen davon, daß der Meinungszustand der Zustand desjenigen ist, der von ihm Kenntnis hat. Nur der Adressat der Zuschreibung, nicht das, was zuzuschreiben ist, kann als sowohl direkt wie auch als grundsätzlich infallibel ausgemacht gelten. Mit ihm konstituiert sich der Identitätssinn des Subjekts und zugleich das Zentrum aller Zuschreibung überhaupt, sowohl zur Person als auch zu irgendeinem anderen Einzelnen in der Welt. Die Einheit der Welt konstituiert sich erst als die Einheit von allem, was nicht dem Subjekt selbst in der beschriebenen Unmittelbarkeit zugesprochen werden kann.

Damit ist auch ein Sinn bestimmt, in dem zwischen Selbstbewußtsein und Welteinheit eine ursprüngliche, nicht mehr zu hintergehende Korrelation besteht. Es wäre aber falsch, das Selbstbewußtsein auf seine Relationsstelle in dieser Korrelation zu reduzieren. Denn die Korrelation als ganze gewinnt ihre Form von der Möglichkeit des Selbstbewußtseins her, das somit für sie in einem theoretisch erheblichen Sinn grundlegend ist. Das ist nicht so zu verstehen, als bringe das, was mit der Möglichkeit des Selbstbewußtseins gesetzt ist, die Welt als solche ins Dasein. Es heißt umgekehrt, daß Selbstbewußtsein nur in einem mit dem Hervorgang der Welt als solcher eintreten kann. Auch die Grundfunktionen, welche eine vom Subjekt unterschiedene Welt von Entitäten aus deren Identitätssinn konstituieren, sind notwendige Voraussetzungen dafür, daß die Selbstzuschreibung als solche erfolgen kann. Denn das ›mir‹ in der Gewißheit der Meinungszuschreibung hat selbst nur in der Kontrastierung zu diesem Identitätssinn eine Bedeutung. Gleichwohl ist die Identität des Subjekts in seiner Meinungsgeschichte der zentrale Punkt, in Beziehung auf den die Identitätsfunktionen in der Weltvermeinung allererst in Gebrauch genommen werden können. Darum sind die Korrelata in der Subjekt-Welt-Korrelation nicht gleichwertig, sondern in einem grundlegenden Ungleichgewicht. Wer den eigentümlichen Sinn dieses Ungleichgewichts zugunsten des Selbstbewußtseins nicht genau festhält, verliert zwangsläufig für sein Verständnis des Erkennens und auch der Weltlichkeit des Menschenlebens das allein taugliche Fundament aus dem Blick. Die philosophische Anthropologie ist voll von Lehren über Mensch-Welt-Verhältnisse, die schon im Ansatz zu kurz greifen und die deshalb weder in ihrer Begriffsform noch in ihrem Aufschluß über die Lebenstendenzen des Menschen auf den Grund und zu Mitteilungen kommen können, in denen das Selbstverständnis des bewußten Lebens erreicht wird. Die Alternative zwischen einer reinen Weltimmanenz des bewußten Lebens und einer Weltkonstitution durch das Bewußtsein ist auf beiden Seiten kurzschlüssig. Die korrelativen Mängel beider Positionen lassen sich aber nicht durch die Behauptung einer einfachen Korrelation von Welt und Bewußtsein heilen. Und von einer solchen einfachen Korrelation her läßt sich auch über die eigentliche Dynamik im Selbstverständnis des Menschen gar nichts Erschließendes sagen.

12. Die Unmittelbarkeit in der Zuschreibung von Meinungszuständen ist mit einer Eigentümlichkeit von Selbstbewußtsein verbunden, die seine zentrale Stellung als Verankerungspunkt der wissenden Weltbeziehung so deutlich wie keine andere macht und die auch zu weitgehenden philosophischen Folgerungen führt:

Jede Eigenschaft, welche sich die Person als solche, also als eine der Entitäten der Welt zuspricht, ist von der Art, daß es in grundsätzlichem Sinn nicht ausgeschlossen ist, daß sie ihr auch nicht zukommen könnte. Sie könnte ihr faktisch abgehen und sie könnte ihr zu Unrecht zugesprochen werden. Betrachtet man eine Welt als Inbegriff von Sachverhalten hinsichtlich von Entitäten und Ereignissen, so kann gesagt werden, daß für jede Person und hinsichtlich jeder Aussage über sie die Frage im Prinzip aufkommen kann, ob eine solche Person in der wirklichen Welt existiert. Und wenn auch außer Zweifel steht, daß die Welt wirklich ist, in der die Person existiert, die solche und solche Eigenschaften hat, so kann doch für jedes Subjekt in grundsätzlichem Sinn fraglich werden, ob es selbst diese Person ist. Man kann sich das einleuchtend machen, indem man an die Fakta von Amnesie und krankhafter Selbsttäuschung und Projektion erinnert. Doch auch diese Fakta sind nur ermöglicht aus der grundsätzlichen Möglichkeit jeder Person, ihre Kenntnis von ihrer eigenen Personalität zu sich selbst in Distanz zu bringen. Das aber, von woraus diese Distanz eingerichtet werden kann und wird, ist die Person als Subjekt. Amnetische Personen sind nicht im Koma, sondern ›bei sich‹, wenngleich ohne Kenntnis davon, welcher Weltbürger sie wirklich sind.

Im Wissen der Person von sich, sofern sie Subjekt ist, kann niemals eine entsprechende Distanz hergestellt werden. Wer überhaupt etwas von sich meint, und sei auch alles, was er meint, erschöpft in der Meinung, gar nichts von sich zu wissen, ist in eben dieser Meinung wirklich auf sich und auf sich als ein Wirkliches bezogen. Was immer die Meinung ist und wie es immer um ihre Wahrheit bestellt sein mag, daß sie eine Meinung hinsichtlich seiner ist, steht gänzlich außer Frage. Bin ich (zu Recht oder Unrecht) im Zweifel, ob ich durch eine gewisse Eigenschaft richtig charakterisiert werde, so ist dieser Zweifel schon im Sinn dessen, wie er allein formuliert werden kann, ein Zweifel in Beziehung auf mich. Und darin liegt wiederum, daß die Beziehung auf mich durch keine Beschreibung irgendwelcher Art hergestellt werden könnte oder müßte. Ich weiß zwar als Subjekt notwendig auch als Person von mir, so daß ich imstande bin, mich unter dieser Beschreibung anzusprechen. Aber das ergibt sich daraus, daß ich von mir weiß, also Subjekt bin, also mich von einer Welt unterscheide und mich damit auch als Weltwesen in dieser Welt lokalisieren kann. Der unhintergehbare Personsinn ist direkt vom Subjektsinn her verfügbar. Aber der Subjektsinn faßt nicht die Wirklichkeit dessen, auf den er geht, unter der Beschreibung seiner Personalität.

Daraus folgt umgekehrt: Ist eine Welt dann hinsichtlich von ›wirklich‹ und ›nicht wirklich‹ noch unvollständig bestimmt, wenn hinsichtlich ihrer und der Personen in ihr die Frage gestellt werden kann, ob ein bestimmtes der Selbstcharakterisierung fähiges Wesen diese Person ist oder nicht, so wird die Vollständigkeit einer Welt überhaupt erst dadurch möglich und garantiert, daß einer sich in ihr als er selbst ansprechen kann. Und für jeden der Selbstzuschreibung Fähigen kann gesagt werden, daß für ihn die Wirklichkeit der Welt dadurch bestimmt ist, daß er in ihr sich zu sich selbst verhält, was wieder die Voraussetzung dafür ist, daß er sich überhaupt in den Eigenschaften einer gewissen Person als diese Person auffassen kann, – ob dies nun zu Recht oder zu Unrecht geschieht. Die Eigenschaft der Welt, daß in ihr Einzelne mit ihren Selbstzuschreibungen existieren, ist in genau derselben Weise in der Beschreibung von dieser Welt nicht unterzubringen, in der die Einzelnen selbst ohne die Vermittlung durch Selbstcharakterisierungen der Selbstbeziehung fähig sind. Sie sind überhaupt erst durch diese Beziehung, was sie zu Personen in der wirklichen Welt macht, nämlich Subjekte. Und die Wirklichkeit der Welt gegenüber Weltbegriffen, die auch Begriffe von nur Möglichem sein könnten, definiert sich durch eben diese Beziehung. Schon Leibniz erklärte über die Vollständigkeit der Welt ihre Wirklichkeit. Aber nicht in der Vollständigkeit der Beschreibung ist ihre Wirklichkeit begründet, sondern in dem, was die Aktualisierung der Welt vermittels der Selbstbeziehung der Subjekte in ihr zu heißen hat. Eine solche Formel klingt nur dann absurd, wenn sie als eine Aussage über die Herstellung der Welt durch Wesen verstanden wird, die doch in ihrem ganzen Dasein von ihr abhängig sind. Aber von Herstellungsakten ist gar nicht die Rede, die auch immer nur in jeweils einer Welt einen bestimmten Sinn haben würde, sondern vom modal-ontologischen Status der Subjektivität in der Sinnbestimmung von Wirklichkeit.

Aus diesem Status ist nun weiter zu folgern, daß das Wissen, welches ich von mir habe, insofern ich mich selbst meine, wesentlich »wirkliches Wissen« ist. Es ist es in dem Sinn, daß es nur Wissen von einem Wirklichen sein kann, aber auch in dem noch wesentlicheren Sinne, daß es nur ein Wissen sein kann, das selbst Wirkliches ausmacht: Als Wissen kommt ihm die Eigenschaft zu, nur als ein Wirkliches zu sein. Es ist Wissen von Wirklichem und selbst Wirklichkeit, und beides notwendig zugleich. Diese Eigentümlichkeit, die Cartesius nicht zu formulieren wußte, berechtigt ihn am Ende doch zu seinem Theorem, daß Selbstbewußtsein bei der Wirklichkeitsvergewisserung eine mit nichts anderem vergleichbare Stellung hat.

13. Wer mit einem Faktum von solcher Art konfrontiert wird, muß die Neigung verspüren, der Anerkennung seines einzigartigen Status' zu entkommen. Aus wichtigen philosophischen Theorien der jüngeren Zeit stehen allerlei Vermeidungsstrategien zur Verfügung. So kann man sagen, daß ›ich‹ der ersten Person sei nur ein Zeichen, das im Verband aller Zeichen zu untersuchen ist; seine Funktion sei die eines Index, der auf den Benutzer von Zeichen als solchen verweist. Aber Indices sind nicht nur Signale für Dritte. Die Möglichkeit des geregelten Zeichengebrauchs muß auch aus der Perspektive dessen, der sie gebraucht, verstanden werden. Und für sie ist das Funktionieren der ersten Person als Festlegung für den Ausgangspunkt aller Indizierung die Grundbedingung. – Man kann sagen, daß ›ich‹ ein innersprachlicher Ausdruck sei und nur über das Erlernen der Sprache insgesamt aufgeklärt werden könne. So richtig das ist, so ist ebenso wahr, daß zum Fungieren der Sprache vieles gehört, was nicht in den geregelten Gebrauch sprachlicher Ausdrücke aufgeht, sondern ihn mitkonstituiert. Wenn

Denken nicht außerhalb der Sprache möglich ist, so heißt das nicht, daß es in nichts als in einer Weise der Sprachverwendung besteht. Zur Sprache kann vieles gehören, was nur mit Sprache, aber nicht in der Sprache stattfindet. So kann auch dann, wenn Selbstzuschreibung nur über den sprachlichen Ausdruck der ersten Person möglich ist, diese Selbstzuschreibung dennoch die Erklärung dafür sein, daß die richtige Verwendung zustandekommt.
Hat man sich von der Fundamentalität des aus dem Gebrauch der ersten Person hervorgehenden Subjekts überzeugt, so ergibt sich nun auch, daß es unmöglich ist, in einem Bewußtsein von der Relativität seiner sprachlichen Form eine Alternative zu ihm auszudenken oder auch nur mit irgendeinem bestimmten Sinn die Möglichkeit zu einer solchen Alternative anzunehmen. Die sprachlichen Ausdrucksmittel für die Selbstzuschreibung können beinahe beliebig variieren, und es ist auch zu denken möglich, daß Sprachgemeinschaften existieren, in denen sie gänzlich fehlen. Wir müssen immer noch annehmen, daß diese Sprachen, sofern sie nur überhaupt weltbezogen sind, über Verankerungspunkte funktionieren, welche dann die Möglichkeit zur Entfaltung einer Entsprechung zur Form der ersten Person auch schon enthalten. Ein Weltbezug, für den das nicht gelten würde, wäre nicht nur ein ganz anderer als der unsere, sondern überhaupt nicht als Welt- und Wirklichkeitsbezug zu beschreiben.

14. Erreicht man das Basale, so stellen sich stets die Fragen: Einfach oder komplex, – nur zu konstatieren oder zu analysieren? In der Philosophie haben diese Fragen eine höchst bedeutsame Vorgeschichte. Es gibt aber in der Philosophie kaum eine andere theoretische Situation, die so in Verlegenheit setzt wie die, welche nun entstanden ist. Denn einfach wie ein Quale oder ein Punkt ist Selbstbewußtsein gewiß nicht, – ganz abgesehen davon, daß solche Art Einfaches immer noch in Beziehung auf ein Spectrum oder eine Di-

mension einfach ist. Man kann gar nicht umhin, dem Selbstbewußtsein eine interne Struktur zuzusprechen. Denn jegliche Zuschreibung verlangt, daß neben dem Begriff von der Art des Zustandes, der zugeschrieben wird, dasjenige, dem zugeschrieben wird, unterschieden werden kann. Im Falle der Selbstzuschreibung kann derjenige, auf den die Zuschreibung erfolgt, auch keinesfalls ein solcher sein, der gegenüber dem Unterschied zwischen Bild, Fiktion und Weltentität noch indifferent ist. Im wirklichen Gebrauch der ersten Person ist notwendig ein Wirklicher nicht nur gemeint, sondern auch getroffen. Das ist auch dann noch der Fall, wenn die Zuschreibung als solche fehlgeht. Und darum ist unabdingbar zuzugeben, daß in der Selbstzuschreibung der, welcher zuschreibt, auch als derjenige, der zuschreibt, mitgemeint ist. Denn nur er ist es, über den die Zuschreibung gegen die Differenz zwischen Meinung und Sachverhalt und damit gegen das Fehlgehen der Beziehung auf die Identität dessen, dem zugeschrieben wird, jene charakteristische Immunität besitzt, die sich nur beim Selbstbewußtsein und in der eigenen Bewußtheit dessen findet, der Bewußtsein von sich hat. In dem nicht herleitbaren Gebrauch der ersten Person im Subjektsinn lassen sich also auf nicht triviale Weise mehrere Komponenten unterscheiden: Zugeschriebenes, der, dem zugeschrieben wird, und Zuschreibender, der mit dem, dem zugeschrieben wird, identisch ist.

Es versteht sich, daß die Aufgabe, in die mit dieser Sachlage gegebene Komplikation tiefer einzudringen, das erheblichste Interesse haben muß. Man hat dabei der Gefahr entgegenzuwirken, die Gebrauchsbedingungen der ersten Person singularis sich zu einer solchen Komplexion auswachsen zu lassen, daß ihr spontaner Gebrauch in der gesprochenen Sprache ganz unverständlich wird. Aber man kann diese Gefahr nicht um den Preis abwenden, die erste Person auf automatischen Zeichengebrauch oder auf ein gänzlich unstrukturiertes Datum zurückzubringen. Was immer man über die

Verfassung von Selbstbewußtsein sagt, muß in Beziehung auf diese gegenläufigen Gefahren mit der größten Besonnenheit gesagt werden.

Die Analyse von Selbstbewußtsein und der Grundsinn eines solchen Programmes überhaupt geraten aber in noch weitere und fundamentalere Schwierigkeiten. Ist die Strukturiertheit des Selbstbewußtseins erst einmal unstrittig, so stellt sich über jeden analytischen Versuch, seine Struktur näher zu charakterisieren, die noch entscheidendere Frage danach, was von einer solchen Analyse überhaupt erwartet werden kann. Die geläufigste Modellvorstellung davon, wie eine Analyse von Komplexen, deren Elemente aber von ihrem Auftritt in dem Komplex abhängig sind, verfaßt sein kann, ist das Verfahren des Aufweises von Wechselimplikationen. Man kann es ›Faktorenanalyse‹ nennen. Für eine eigentliche Aufklärung von Selbstbewußtsein ist dieses Verfahren aber ganz ungeeignet. Denn es setzt voraus, daß einzelne Faktoren so thematisiert werden können, daß deutlich wird, inwiefern sie nicht ohne andere fungieren könnten, die ihrerseits in der gleichen Weise angesprochen werden können. Angewendet auf den Fall des Selbstbewußtseins würde das bedeuten, daß man in ihm Faktoren benennt, ihre Wechselimplikation aufweist und aus dieser verständlich macht, worin Selbstbewußtsein besteht. Die Fundamentalität der Selbstzuschreibung schließt es aber aus, irgendeinen ihrer Faktoren zu bezeichnen, der selbst nicht schon dadurch, daß er einer Zuschreibung zugehört, die ›Selbst‹-zuschreibung ist, charakterisiert ist. Eben deswegen ist die Selbstzuschreibung fundamental, weil es keinen Faktor gibt, welcher derjenige wäre, durch den Faktoren der Zuschreibung, die nicht solche der Selbstzuschreibung sind, in den Zusammenhang der Selbstzuschreibung gezogen werden. Wäre ein solcher Faktor zu finden, so müßte er dasjenige sein, der den Sachverhalt des ›selbst‹ in der Selbstzuschreibung ausmacht. Da es aber ein solches ›selbst‹ unabhängig von der Selbstzu-

schreibung gar nicht geben kann, würde ein solcher Faktor, wenn er sich finden ließe, wieder mit dem in sich komplexen Ganzen der Selbstzuschreibung zusammenfallen.
Auf andere Weise kann man sich dieselbe Sachlage klarmachen, wenn man sich vorstellt, ein Fall von Selbstverhältnis und ein Fall von Selbstzuschreibung lägen uns vor wie eine objektive Tatsache. Selbstbeziehungen sind auch in der materiellen Welt häufig und ein Begriff von ihnen unentbehrlich in deren Beschreibung. Aber niemand kann durch die Anwendung des ihm verfügbaren Wissens von solchen Beziehungen sein Wissen von sich selbst, – sein Selbstbewußtsein, – ursprünglich hervorbringen. Denn Selbstbewußtsein unterscheidet sich von dem Bestand einer Selbstbeziehung eben dadurch, daß derjenige, der in der Beziehung steht, und der, für den sie besteht, nicht voneinander verschieden sind. Hätte ich nicht schon die Möglichkeit, mich zu mir selbst zu verhalten, so könnte ich über kein Studium irgendwelcher Selbstbeziehungen in der Welt, und wären es auch solche, die (aus der Perspektive eines Dritten aus gesehen) meine eigenen sind, zu einer Schlußfolgerung dahingehend veranlaßt werden, daß es mich gibt und daß ich mich wesentlich in einer solchen Beziehung befinde. Zwar schließt das ›ich‹ ein, daß das Reflexivum ›sich‹ gebraucht werden kann. Aber vom Reflexivum her ist auf keine Weise die entsprechende Form in der ersten Person zu gewinnen. Nehme ich von anderen an, daß sie Selbstbewußtsein haben, so meine ich nur, daß sie für sich die Fähigkeit haben, die ich selbst besitze und von der ich weiß, insofern ich zur Selbstzuschreibung imstande bin. Darum kann ich mir auch nicht daraus, daß eine Person in der Welt sich selbst Eigenschaften zuspricht, für mich die Möglichkeit zur Selbstzuschreibung ursprünglich gewinnen. Ich verstehe nur, was es heißt, daß sie von sich als sich selbst etwas weiß, wenn ich zu mir in der entsprechenden Beziehung bin und wenn ich als diese Beziehung qua Subjekt existiere. Ich muß also spontan zum

sinngerechten Gebrauch des ›ich‹ und somit zum Selbstbewußtsein gelangen. Sonst würde jede Selbstzuschreibung in der Welt für mich ebenso ein objektiver Sachverhalt bleiben wie Selbstbewegung und Selbstzerstörung. Ich wüßte nicht einmal, was die Anwendung einer solchen Relation auf ›mich‹ zu bedeuten hat. Vielleicht könnte mir aus Anlaß einer Nachfrage nach mir die Möglichkeit der Selbstzuschreibung originär und spontan aufgehen. Das aber kann angesichts dessen, daß sie in der ganzen Verfassung unseres Weltverhältnisses den Verankerungspunkt ausmacht, nicht für eine wahrscheinliche Hypothese gelten: Weltverhältnis und Selbstverhältnis müssen aus Strukturgründen gleichursprünglich ins Dasein kommen. Die Verstehbarkeit einer Nachfrage nach irgendeinem und somit auch nach ›mir‹ setzt aber die Begründung eines Weltverhältnisses schon voraus. Insofern ist auch die zuvor gestellte Frage, ob einer durch Anwendung einer von ihm konstatierbaren Selbstbeziehung auf sich selbst zu Selbstbewußtsein kommen kann, von vornherein als Aufforderung zu einem Gedankenexperiment gestellt, das scheitern muß.
Wendet man dieses Ergebnis auf die Situation an, in der sich eine Faktorenanalyse des Selbstbewußtseins befindet, so ergibt sich, daß im Selbstbewußtsein jeder der in ihm selbst etwa aufzuweisenden Faktoren selbst schon unter der Bedingung steht, in der Bedeutung, die er hat, durch die irreduzible Bedeutung des im ›ich‹-Gebrauch fungierenden ganz und gar spezifischen Sinnes von ›selbst‹ modifiziert zu sein. Prädizieren in Beziehung auf sich, ist nicht eine Prädikation in Beziehung auf ein ganz besonderes Objekt, sondern eine eigenständige und nicht reduzierbare, somit originäre Weise von Prädizieren. Als Prädikation ist sie Faktor von Selbstbewußtsein, aber als Selbstzuschreibung nur unter Voraussetzung des ganzen Selbstbewußtseins zu fassen. Ebenso ist der, von dem in Selbstzuschreibung gewußt wird, nicht irgendeiner, der durch eine besondere Art zu prädizieren zu

einem Subjekt wird; er ist nichts anderes als eben der, von dem nur so gewußt werden kann.

15. Es ist naheliegend und muß zunächst als kaum vermeidbar erscheinen, diese Aussagen in eine widersprüchliche Form zu überführen. Wer sie vermeiden will und sich auch davon überzeugt hat, daß die semantische Trivialisierung der ersten Person von ihrer Fundamentalstellung zu einer Sonderrolle im sprachlichen Referenzapparat nicht zulässig ist, kann zu der Vermutung kommen, die Sprache selbst gehe fehl, wenn sie meint, von Selbstbewußtsein zu sprechen nicht umhinzukönnen; – sie sei in den für sie selbst unhintergehbaren Artikulationsformen das Opfer einer theoretisch irregeleiteten Kultur geworden. Sie stehe zur Revision an. Doch dieser Vorschlag zum Ausweg müßte sich wiederum über die Einsichten hinwegsetzen, nach denen Selbstzuschreibung eine Fundamentalstellung in der Ausbildung und Form des Weltbezuges insgesamt hat. Ist er obsolet in einem Sinne, der überhaupt die Erwägung zuläßt, ob er zu ersetzen sei, so ist es auch das gesamte Verständnis von einer Welt wirklicher Entitäten. Es gibt aber keine Möglichkeit, deren Variabilität so zu behaupten, daß die Behauptung ausweisbar wird. Und so bleibt kein Artikulationsbereich, in Beziehung auf den eine Revision auszugestalten wäre. Mit der Selbstzuschreibung verliert alle Zuschreibung überhaupt jeden Boden.

So ist also beides anzunehmen notwendig: Daß Selbstbewußtsein in sich komplex ist und daß der Komplex von uns nicht aufgelöst oder in seiner inneren Konstitution verstanden werden kann. Insofern Selbstzuschreibung komplex ist, muß sie zumindest in Beziehung auf alle Momente, die Zuschreibung als solche ausmachen, differenziert aufgefaßt werden können. Diese Beschreibung ist aber notwendig nur eine Approximation. Sie erfolgt schon unter der Bedingung und muß auch unter der Bedingung modifiziert gesehen werden, daß der eigentümliche Sinn der ersten Person und der ihren Gebrauch regelnden Selbstzuschreibung bereits spontan verstanden ist. Viele Denker der philosophischen Tradition sind geneigt gewesen, im Selbstbewußtsein eine Form zu sehen, die aus sich transparent ist und sogar aus sich selbst heraus wirklich wird. Obgleich aber die Selbstzuschreibung eben jene Fundamentalität hat, welche auch für eine sich selbst erklärende epistemische Leistung in Anspruch genommen werden müßte, ist doch die Weise, in der wir sie nach ihrer Form und Genese anzusetzen haben, einer sich selbst erklärenden und auslegenden Wirklichkeit geradezu entgegengesetzt. Daß nur von ihr her der Sinn von Wirklichkeit als solcher wohlbestimmt werden kann, heißt nicht, daß Wirklichkeit aus ihr hervorgeht, sondern daß sie von der Art ist, daß nichts als wirklich angesprochen werden kann, hinsichtlich dessen nicht auch Selbstzuschreibung spontan eingetreten ist. Und daß Selbstzuschreibung eine der wichtigsten Bedingungen für die Möglichkeit zu handeln ist, heißt nicht, daß sie ihrerseits aus Handeln oder als Handlung verstanden werden kann.

III.
Selbstbewußtsein und bewußtes Leben

16. Selbstbewußtsein zeigt sich in der philosophischen Analyse in einer charakteristischen Doppelstellung, einerseits in seinem Fungieren im Zusammenhang der erkennenden Weltbeziehung des selbstbewußten Menschen, andererseits in der internen Verfassung des Wissens von sich selbst. Und in beiden Hinsichten ist es Anlaß für das Entstehen von ganz grundlegenden Problemen. Die erkennende Weltbeziehung hat eine Verfassung, die es trotz aller Einreden von Theorien, die Selbstbewußtsein zu einem Sonderproblem ohne besondere Brisanz im Verstehen von Sprache und sozialer Interak-

tion herabstufen wollten, unausweichlich machen, ihm die Rolle eines strukturgebenden Prinzips zuzusprechen. Vom Selbstbewußtsein her gewinnt der referentielle Apparat der erkennenden Beziehung auf einzelne Objekte, die Dinge und Ereignisse in der Welt, die ihm eigentümliche Verfassung. Es ist aber auch das Prinzip, von dem her der Wirklichkeitssinn hinsichtlich einer Welt als ganzer definiert werden muß. Durch diese seine Eigentümlichkeit, als Vermeinung von Wirklichem immer auch schon als Wirkliches bewährt zu sein, weicht Selbstbewußtsein radikal von allen anderen Wahrheitsansprüchen ab, die niemals durch ihr Ergehen auch ihre Realität sicherstellen können. Und diese seine Eigentümlichkeit steht in einem Zusammenhang, der bisher ganz unaufgeklärt und unbeachtet ist, mit seiner anderen Sonderstellung in der zweiten Hinsicht: Daß es nämlich nicht möglich ist, die interne Verfassung seiner Selbstbeziehung anders als in einer Approximation zu beschreiben, die grundsätzlich nicht in eine direkte und volle Aufklärung seiner Strukturverfassung überführt werden kann.

Solche Besonderheiten stellen die Philosophie auch dann noch und gerade dann vor ein Grundproblem, wenn sie Einsicht in deren Natur nur zusammen mit der Einsicht gewinnen kann, daß sie einer direkten Analyse widerstehen. Wohl ist Problemlösung durch Analyse ein wichtiger Verfahrensweg, der zu philosophischer Einsicht führt. Kommt aber die Verständigung über eine Problemlage zu der Einsicht, daß letzte Sachverhalte von Erkenntnis und bewußtem Leben erreicht sind, so ist damit das Denken und Fragen als solches noch nicht zu seinem Ende gekommen. Denn dann stellt sich eine Aufgabe ganz anderer Art, – die der Ortsbestimmung des Letzten, und zwar nicht nur dessen, was in ausweisender Analyse gewußt werden kann, sondern nunmehr auch dessen, was anzunehmen vernünftig ist. Die Selbstverständigung des bewußten Lebens, die den Namen ›Philosophie‹ trägt, muß zwar auf der Analyse grundlegender

Gegebenheiten beruhen und als erstes auf sie ausgehen. Darüber hinaus hat sie aber auch die ebenso wesentliche und in einem wohlbestimmten Sinne sogar würdigere Aufgabe, den ganzen Bereich der Gedanken, die dem bewußten Leben angesichts des Letzten seiner eigenen Wirklichkeit möglich oder gar unverzichtbar sind, zu verfolgen und auszuarbeiten, und die umfassendsten und angemessensten von ihnen zu finden und zu begründen. Erst solche Gedanken sind es, welche das Wort ›Philosophie‹ in dem Sinn zu gebrauchen erlauben, in dem dann von einem bewußt gelebten Leben gesagt werden kann, daß es stets eine Philosophie habe.
Eine solche Philosophie aber, die in bewußtem Leben angeeignet ist, muß anderes als nur eine Antwort der philosophischen Theorie auf theoretische Probleme sein. Als solche könnte sie nur gelehrt, als Lehre für wahr eingesehen und aus Belehrung übernommen werden. Sie würde nicht aus den Fragen hervorgehen, welche bewußtes Leben diesseits aller theoretischen Anstrengung hinsichtlich seiner selbst hat, und würde nicht imstande sein, direkt auf diese Fragen zu antworten. Ein Denken, das die mit den Eigentümlichkeiten von Selbstbewußtsein gestellten Probleme aufnimmt, kann nur dann zugleich und als solches im Verhältnis zu Fragen und Erfahrungen sein, die aus dem bewußten Leben als solchem hervorgehen, wenn seine theoretischen Probleme direkte Entsprechungen in der vortheoretischen Verständigung des bewußten Lebens über sich haben. Es ist zwar gewiß nicht erwartbar, daß alle Probleme, die für eine Theorie von Selbstbewußtsein grundlegende Bedeutung gewinnen, auch in der Wirklichkeit des bewußten Lebens aufsteigen und sich in ihm auswirken, wie immer ohne Thematisierung durch explizite Theorie. Aber Selbstbewußtsein und das Fungieren von Selbstbewußtsein haben im Bewußtsein von Wirklichkeit insgesamt eine fundamentale Stellung, und Selbstbewußtsein ist zudem eine der unabdingbaren Voraussetzungen für ein fragendes Selbstverhältnis. So be-

steht Grund zu der Annahme, daß die Probleme, welche der Theoretiker im Sachverhalt des Selbstbewußtseins auffindet, dem wirklichen Selbstbewußtsein nicht etwa in jeder Weise entzogen sind. Wo immer die Philosophie das wirkliche Selbstverständnis des bewußten Lebens erreichen und seine Dynamik begreifen will, muß sie sich in ihren eigenen Problemen so orientieren können, daß ihre Problemlage mit dem Problem, zu dem sich das bewußte Leben von ihm selbst her wird, in der einen oder anderen Weise konvergiert.

Zwei Weisen solcher Konvergenz müssen voneinander unterschieden werden: Im wirklichen Selbstbewußtsein können Eigentümlichkeiten seiner Stellung im Grundverhältnis der Weltbeziehung bewußt werden, die als solche auch Ausgangsprobleme der Theorie sind; und es können Fragen der Selbst- und Weltverständigung des wirklichen Selbstbewußtseins aus Eigenschaften des Selbstbewußtseins hervorgehen, die als solche im wirklichen Bewußtseinsleben nicht deutlich werden und nur Problemlagen für die Theorie ausmachen. Erwägt man unter der Anleitung solcher Überlegungen, was sich zuvor hinsichtlich von Selbstbewußtsein ergeben hatte, so werden mehrere Quellpunkte sichtbar, an denen sich das Selbstbewußtsein zum Thema einer Frage wird, die aus seiner eigenen Verfassung hervorgeht. Hier sind sie nur zu nennen. Denn ihnen nachzugehen hieße, in eine Analyse bewußten Lebens einzutreten, die sich von der Existenzphilosophie durch ihre theoretische Orientierung und von der idealistischen Philosophie der Bewußtseinsgeschichte durch einen theoretisch haltbaren Begriff von Selbstbewußtsein unterscheidet.

17. Selbstbewußtsein als solches hat notwendigerweise Kenntnis von der Spannung, die zwischen dem Subjekt und seiner Erfahrungsgeschichte auf der einen Seite und dem individuellen Wesen der Person und ihrem Weg in der materiellen Welt auf der anderen Seite herrscht. Bewußtes Leben

muß sich gleichursprünglich als beides verstehen. Aber eben deshalb kann auch keines, weder Person noch Subjekt, sich das jeweils andere vollständig subsumieren. Der Mensch verwirklicht sich in allem, was ihm wesentlich, aus der Spannung zwischen beiden Perspektiven, aus denen zusammengenommen sich sein Leben in seiner Welt strukturiert. Man kann sehen, daß weder Handeln (nicht als einfache Zweckrealisierung, sondern als Leben in weiträumig angelegten Lebensplänen), noch Glück (als Erfüllung des ganzen Bewußtseins durch die Erfahrung einer ihm im Ganzen entsprechenden Welt) außerhalb des Bewußtseins dieser Spannung möglich wären. Da aber die Bedingungen des Personseins das Subjektsein niemals verständlich machen können und da Subjektsein die Weltwirklichkeit nicht aus sich selbst begreift, vollzieht sich bewußtes Leben in der Unklarheit über seine Natur und seinen Ursprung und somit in der latenten Frage nach ihnen, – einer Frage, die im Unterschied zu Fragen, die weltliche Objekte aufwerten, ohne Hinblick und Aussicht auf eine Weise aufkommt, in der eine Antwort zu suchen wäre.
Selbstbewußtsein als solches geht notwendig mit einem Verständnis des Sinnes von Wirklichsein einher, aber wieder in zumindest zweierlei Weise: Die Weltbeziehung geht auf Einzelnes, und der Unterschied zwischen nur Vermeintem und bewahrheiteter Meinung wird früh verstanden. Was in der Welt wirklich ist, hängt nur in den wenigsten Fällen vom Person/Subjekt ab, und so scheint Wirklichkeit sich ganz von der überwältigend eindeutigen und eindrücklichen Wirklichkeit von Weltdingen und -ereignissen her zu verstehen. Aber auch die Welt als solche ist wirklich, und es scheint, als habe das bewußte Leben in ihr nicht einfach nur den Platz irgendeiner Entität, die man antreffen oder nicht antreffen kann. Es ist nicht nur die unbedachte Auswirkung der Selbstzentrierung eines sich selbst behauptenden Lebens, sondern ein Grundcharakter von Selbstbewußtsein selbst,

nicht wie ein Ding in der Welt und nach dem für solche Dinge geltenden Wirklichkeitssinn bestimmbar sein zu können. Und es besteht Grund dazu, dem Selbstbewußtsein als solchem ein implizites Wissen davon zuzusprechen. Aber ebenso weiß es, daß es Person ist und somit wirklich als eine Entität in der Welt. Es kann die Zufälligkeit seiner Wirklichkeit ebenso wenig übersehen, wie es sich durch diese seine Kontingenz grundsätzlich definieren lassen kann. Darum, um nur eines zu nennen, kann der Tod des bewußten Lebens zwar in Klarheit und Frieden aus seiner Notwendigkeit als Naturereignis angenommen werden: er ist aber nicht schlechthin als ein Naturereignis zu verstehen.

18. Eine Kenntnis von den Schwierigkeiten, die Form seines Selbstverhältnisses zu begreifen, kann man dem Selbstbewußtsein als solchen nicht zuschreiben. Wohl aber wissen Personen nicht nur sich überlegt in und zu ihrer Umgebung zu verhalten, sondern auch, ihr eigenes Verhalten zu korrigieren. Überlegen selbst setzt zwar nicht schon die Prüfung eigenen Meinens und Handelns auf Sachangemessenheit voraus, ist aber durch einen einzigen Schritt in sie zu überführen. Und selbstorientiertes Überlegen hat Selbstbewußtsein zur Voraussetzung. Wenn sich nun auch dieses Selbstverhältnis nicht zum theoretischen Problem wird, so wird es doch von allen Fragen mitbetroffen, welche sich an das zweideutige Verhältnis zwischen Subjektivität und Personalität anschließen. Die Selbstzentrierung des Subjekts, wäre sie die eigentliche Wirklichkeit des bewußten Lebens, könnte dies Leben von Weltläufen grundsätzlich unabhängig machen. Umgekehrt wäre die Subjektivität, wenn sie nur eine abgeleitete Eigenschaft der Personalität wäre, in den Zusammenhang von Abhängigkeit gebunden, der an allen Weltdingen zu beobachten ist. In seiner Selbstinterpretation kann sich das bewußte Leben darum weder sicher auf sein Bewußtsein verlassen, sich nur selbst zugehörig zu sein, noch auch sein eigenes Verhalten als das eines Weltdinges auffas-

sen und sozusagen nur geschehen lassen. Kommt es dann überhaupt dazu, seine Gedanken über sich in einen stabilen Zusammenhang zu bringen, so muß es auf ein Konzept hinaussehen, das ihm erklärt, wieso ihm beide Gedanken gleich unabweisbar erscheinen. Und was immer die besondere Form eines solchen Konzeptes ist, das in der Regel von einer der Hochreligionen wird hergeleitet werden können, – es wird jedenfalls in einer formalen Entsprechung zu dem stehen, was auch die Philosophie als Form des Selbstverhältnisses im Selbstbewußtsein zu konstatieren hat: Was immer die formale Verfassung dieses Selbstverhältnisses ist, die sich nur in Approximation beschreiben läßt, – weder kann sie aus sich selbst heraus erklärt werden, noch kann sie so erklärt werden, daß ihre Beschreibung als Selbstverhältnis radikal aufgehoben werden könnte. Denn diese Beschreibung ist schon für die Verständigung über die einfachste Form der erkennenden Weltbeziehung unentbehrlich. Die Selbstgenügsamkeit in dem Sinne, in dem sie Selbstherstellung bedeuten würde, ist aber schon dadurch ausgeschlossen, daß das Selbstbewußtsein nur als eine Wirklichkeit eintreten, nicht zur Wirklichkeit gebracht werden kann. Selbstbewußtsein, insofern es in Beziehung auf sich selbst aktiv ist, muß also als Selbsterhaltung beschrieben werden, – als tätige Beziehung zu sich, die den Bestand dessen, was zu erhalten ist, und die Beständigkeit der erhaltenden Aktivität bereits voraussetzt. Und darum muß das Ganze von Selbstbewußtsein und Selbsterhaltung als ein Wirkliches angesehen werden, das sich zwar aus sich heraus kontinuiert, aber auch in dieser Kontinuierung selbst nicht aus sich selbst besteht.

Eine Selbstinterpretation des bewußten Lebens, das in der Entsprechung zu dessen eigenen Verstehensweisen die Form der Theorie annahm und aus dieser Theorie der Selbstbehauptung des Selbstbewußtseins einen neuen Horizont und auch eine neue, wenngleich gefährdete Stärke gab, ist die

vielleicht wesentlichste Menschheitsleistung im Denken der Neuzeit gewesen.
Bewußtes Leben trägt also in sich selbst die Ansätze zu Selbstinterpretation, die sich gegenläufig zueinander verhalten. So stehen gegenläufig zueinander das Dasein der Person unter anderen Weltdingen und die Subjektivität, die ohne Weltorientierung alles andere von sich unterscheidet; die Wirklichkeit der Dinge, die ihm begegnen, und die Wirklichkeit, in der es sich allem Begegnen vorab schon weiß; die allein aus ihm selbst ermöglichte Entfaltung und Variabilität seines Tuns und das Bewußtsein, sogar in seinem Selbstverhältnis nicht aus sich begründet zu sein. Es ist die Gegenläufigkeit dieser gleich legitimen Aspekte seiner selbst, in der sich im bewußten Leben die Dimension öffnet, in der sich die Konflikte seiner Selbstinterpretationen entfalten und in der sie zu einem in sich einheitlichen Lebensverständnis und Lebensweg durch unverzichtbare Erfahrungen und Spuren von Einsicht gebracht werden müssen. Wenn Konflikte des Lebens wirklich wesentlich sind, und wenn sie nicht als Folge von Bedingungen, unter denen bewußtes Leben nur faktisch steht, in eine Distanz zum Zentrum seiner selbst und seines Verhältnisses zu sich gebracht werden können, so müssen sie in eben diesem Verhältnis ihren Ursprung haben. Und auch andere für menschliches Leben in dem so definierten Sinn wesentliche und darum von ihm nicht distanzierbare Realitäten müssen im Anschluß an Verstehensmöglichkeiten eintreten und verstanden werden können, die unmittelbar von der Verfassung des bewußten Selbstverhältnisses her aufgeschlossen sind. Insbesondere gilt das für seine Fähigkeit und sein Angelegtsein zur Anerkennung von Normen, die seine Interessen relativieren. Und obwohl in der Gegenläufigkeit der Tendenzen des bewußten Lebens zur Selbstinterpretation das, was in einem engeren Sinne seine ›Motivationen‹ zu nennen ist, noch gar nicht zur Sprache gebracht ist, kann doch auch die emotionale und motivationale Seite

seines Verstehens und Handelns nicht ohne Anschluß an die Grundformen seines Selbstbewußtseins formiert sein und verstanden werden. Wer das Leben des Menschen nicht so begreifen will, daß sein Verstehen in konsequenter Analyse zuletzt doch auf die Konstatierung eines rein faktischen Ablaufs hinausläuft, und wer im Verstehen des Lebensweges und seiner ›exzentrischen Bahn‹ auf deren Einheit hin nicht nur auf seine Impressionen angewiesen sein will, hat zu diesem Einsatz seines Fragens eigentlich gar keine Alternative. Hier ist nur zu zeigen, daß es die Möglichkeit dieses Einsatzes gibt, nicht, wie aus ihm eine Interpretation des bewußten Lebens auf seine Einheit hin in concreto sich entfalten ließe.

IV.

Wege aus der natürlichen Welt

19. Noch aber sind die für ein solches Verstehen des bewußten Lebens grundlegenden Momente nicht hinreichend deutlich gemacht. Denn so sehr die Gegenläufigkeit der dem Selbstbewußtsein als solchem nahegelegten Selbstinterpretationen den Raum für die Bewegung seiner Selbstdeutung öffnet, so wenig ist es möglich, zur Einheitlichkeit eines Lebensweges, und zwar im Verstehen seiner Einheit, zu gelangen, wenn der Bereich, in dem sich die Selbstinterpretationen von der formalen Verfassung des Selbstbewußtseins her ergeben, nicht auch überschritten wird. Aus ihm lassen sich Ursprung und vielleicht auch Zuordnungen und Abfolgen der Deutungsdynamik des Selbstbewußtseins begreifen. Aber dies Selbstbewußtsein weiß sich unter Wirklichem und als eine Wirklichkeit eigener Art. Je deutlicher ihm die Gegenläufigkeit der Deutungsmöglichkeiten und auch der mit ihnen einhergehenden Sinne von Wirklichkeit wird, um so weniger kann es sich mit seinem Verstehen auf sich selbst

und die mit seinem Dasein als Selbstbewußtsein schon in Kraft gesetzten Weisen des Selbstverständnisses einschränken. Es wird zu der Frage geführt, was eigentlich in einem Ganzen von dem, was überhaupt wirklich ist, seine eigene Wirklichkeit begründe, und zwar wiederum in dem zweifachen Sinn, in dem es sowohl Weltwesen ist als auch ursprüngliche Wirklichkeitsgewißheit hat. So fragt es nicht mehr nur nach dem einen Grund seiner Verstehensmöglichkeiten oder nach dem Einheitssinn in der Verlaufsgeschichte seiner Einsichtsspuren von Lebensdeutungen. In Frage steht ihm ein Konzept von allem Wirklichen, in das es sein eigenes Selbstverstehen, samt dessen innerer Gegenläufigkeit, ohne Verkürzung eintragen könnte. Diese Frage entspricht der, die in der westlichen Tradition explizit philosophischen Denkens zu einem seiner Disziplinnamen den Anlaß gab: ›Metaphysik‹.

Durch die Gegenläufigkeit seiner Auslegungen und die Uneindeutigkeit seiner Kenntnis von Wirklichem kommt im Selbstbewußtsein der von Erfahrungen des Selbstverstehens und des Scheiterns von Selbstverstehen gesättigte Gedanke von der Dunkelheit seines eigenen Daseins auf. Und aus ihm gewinnt, was ›Metaphysik‹ heißt, seine Unabweisbarkeit und Menschheitsbedeutung. Beide sind auch von ihrem größten Kritiker Kant nicht nur nicht bestritten, sondern auf ganz neue Weise bestätigt worden, zu der sich ins Verhältnis zu setzen von jeder gegenwärtigen Orientierung über Metaphysik verlangt werden muß. Für ihn hat Metaphysik ihren Grund in der Unmöglichkeit, Erfahrung aus sich selbst heraus vollständig zu machen, und dem Bedürfnis des vernünftigen Lebens, für alles Wirkliche geltende und zugleich seine wesentlichsten Ziele bestätigende Gedanken anzunehmen.

20. Daß von einer Dunkelheit im primären Wirklichkeitsverständnis des bewußten Lebens, in seinem Grundverhältnis in der Welt zu sprechen ist, wird weiter deutlich, wenn über die Disparatheit der Wirklichkeitsauffassung auch die Schwie-

rigkeit beachtet wird, innerhalb des Grundverhältnisses Begriffe zu finden, welche die vom Selbstbewußtsein her vertraute Wirklichkeit ihrer Verfassung nach beschreiben. Die Welt von Dingen, in der die Person sich findet, ist dem bewußten Leben zwar von allem Beginn an erschlossen und darum von sich her außer Zweifel. Ist es aber aus anderen Gründen, die in seiner Wirklichkeitserfahrung liegen, zum Nachdenken angestoßen, so kann auch diese Welt für das Verstehen widerständig werden, so daß sich ein Bewußtsein vom Dunkel in unserem natürlichen Verständnis von ihr entwickelt. Die natürliche Welt ist die von Einzeldingen. Ereignisse sind als die Veränderungen von deren Zuständen zu verstehen. Doch Einzeldinge sind wesentlich solche, die unter anderen bestehen. Ihre Koexistenz ist aber nicht aus ihnen selbst zu begreifen; sie versteht sich aus einer Dimension ihres Geordnetseins, und diese Dimension, die raumzeitliche, ist ihrerseits nicht von der Art, daß aus ihr der Auftritt von Einzeldingen in bestimmten Relationen verständlich würde, so wie die Zahlen und ihre Relationen aus dem generativen Prinzip ihres Geordnetseins hergeleitet werden können. Einzelnheit und Ordnungsprinzip stehen in unauflösbarer Wechseldependenz. Und so kann man nicht sagen, daß die Ontologie von Einzeldingen die natürliche Welt adäquat auffaßt. Denn sie ist selber nur unter Inanspruchnahme von etwas, das selbst auch wirklich ist, zu formulieren, das aber durch die ontologische Form von Einzelheit gerade nicht erfaßt werden kann. Die Einsicht, daß die Beziehung von Einzelheit und Ordnung im natürlichen Weltbild notwendigerweise unaufgeklärt ist, hat nicht wenig dazu beigetragen, daß sich das Denken über diese natürliche Verständnisform hinaus orientierte, ob nun auf eine Wissenschaft, welche die natürliche Welt nach Zahlverhältnissen auffassen kann, oder auf Metaphysik in dem ihr eigentümlichen Sinn.

Daß in der natürlichen Welt, sofern sie ontologisch beschrieben werden soll, eine aus ihr selbst nicht zu behebende Unverständlichkeit liegt, kommt nicht zu natürlichem Bewußtsein. Wohl aber kann diesem Bewußtsein eine Diskrepanz zwischen den Formen seiner eigenen Erfahrung und der Verfassung der Welt deutlich sein. Denn die bewußte Diskrepanz zwischen der Subjektperspektive und der Personperspektive seines Lebens sind selbst Teil seines Grundverhältnisses zur Welt. Und an sie kann sich ein Bewußtsein davon anschließen, daß die Form der eigenen Erfahrungsweise nicht die der Einzelnen in der Weltordnung ist. Die Verlaufsform seiner Meinungen in Beziehung auf Einzelnes, die Weise, in der es Vergangenes präsent hält, Traumerfahrung, die Tönung der Weltbeziehung durch die Stimmung von Lebensphasen und Bewußtseinszuständen kommen zum Bewußtsein und heben heraus, daß die Zentrierung der Welt auf die Subjektivität der Person in anderem als ihrer eigenen Ordnung begründet ist. Selbst wenn alle diese Züge, die sich aus der Ankerrolle der Subjektivität im Weltverhältnis verstehen, der Ordnung der Einzelnen zugesprochen bleiben, so verstärken sie doch das Bewußtsein von Dunkelheit und Unverständlichkeit dieser Welt, das nur im magischen Weltbild immanent bewältigt werden kann. Rechnet sich aber das Subjekt solche Erfahrungsformen selbst zu, so wird ihm zum Bewußtsein kommen, daß es auch seiner Form nach nicht schlechtweg Weltding unter Weltdingen ist, und zwar nur deshalb, weil sich die Formen seines Daseins der ihm selbst geläufigen Weltontologie entziehen. In der Sprache, welche neuere theoretische Versuche sprechen, Bewußtsein auf seine Ontologie hin aufzuklären, wäre zu sagen, daß deren Form Ereignisfolge ist, die nicht von Dingen abhängt, oder Aktivität, die nicht von einem Akteur ausgeübt wird, und daß diese in ihrem Zusammenhang als Feld oder als Prozeß aufzufassen sind. Aber welche Explikation auch immer gewählt wird, auch in ihr tritt die grundlegende Tatsache hervor, daß die Subjekt-Person im Grundverhältnis zur Welt zwar auf durchsichtige, unzweideutige Weise fungiert, daß aber der Versuch, zu einer Beschreibung dieses ganzen Zusammenhanges in einem wohl ausgebildeten und konsistenten Verständnis von seiner Wirklichkeit zu gelangen, von vornherein auf das implizite Bewußtsein seiner Dunkelheit trifft, das sich über alle Stufen von uns möglichen Explikationsversuchen bestätigt und verstärkt.

So wird das Selbstbewußtsein durch die Gegenläufigkeit der Tendenzen, sich selbst zu verstehen, in einem damit, daß sich in seinem natürlichen Weltverstehen eine Welt, in der es selbst existiert, nicht zu klaren Begriffen bringen läßt, aus sich selbst heraus dazu veranlaßt, andere Begriffe von der Welt zu entwerfen. Und sofern es sie entwirft, wird es sein Verstehen des Weges, auf dem es über die Erfahrung des konfligierenden Widerspiels seiner Einsichtsspuren doch seine Einheit zu bewahren sucht, in Beziehung auf solches umfassendes Verstehenwollen setzen, in dem es selbst ebenso wie alles, was wirklich ist, seinen Formen und Ursprüngen nach eingeschlossen sein soll. So wird sein Selbstverständnis zu einem konstituierenden Grundelement seiner Metaphysik.

Von diesem Ausgangspunkt her muß die Frage nach den Möglichkeiten der Metaphysik und den Mitteln gestellt werden, kraft deren in ihr das Selbstbewußtsein sein Grundverhältnis in der Weltbeziehung übersteigen kann, um von einem ganz anders verfaßten Verstehen her das ihm innewohnende Dunkel aufzulösen.

21. Wieso aber Metaphysik, – sollte sich das Dunkel nicht in der wissenschaftlichen Theorie auflösen? Die einzige Aussicht auf eine einheitliche Beschreibung der Welt, die in empirischer Forschung begründet ist, eröffnet die physikalische Theorie. Somit ist der Materialismus die philosophische Lehre, welche vom Weltbegriff der empirischen Wissenschaft her zu gewinnen wäre. Es wäre töricht, seine Überzeugungskraft gering einzuschätzen. Soweit er auf For-

schung begründet ist, wird er von einer überwältigenden und rasch wachsenden Menge von gesicherten Daten bestätigt. Und er entspricht dem Bedürfnis des Bewußtseinslebens auch insofern, als er auf Begriffsbildungen begründet ist, welche das Weltbild des natürlichen Grundverhältnisses nicht ganz unbefragt in Geltung lassen. Materialismus folgt eben der Weise des denkenden Übersteigens von dessen Begriffsformen, das für wissenschaftliche Forschung, die im Sinne der modernen Physik theoriefähig wurde, charakteristisch ist. Aber Materialismus ist nicht selbst Wissenschaft. Er ist die Extrapolation der fundamentalsten und umfassendsten wissenschaftlichen Theorie zu einem schlechthin universalen Begriff von der Welt. Er muß alle Bereiche wirklicher Sachverhalte, die als solche nicht Thema der physikalischen Forschungsweise sind, durch selbst nicht in Forschung, sondern in seinem Integrationskonzept begründete Auslegungsvorschläge der physikalischen Grundtheorie oder einem Theorieprogramm unterwerfen, das in Entsprechung zur schon erarbeiteten Grundtheorie in der Zukunft zustande kommen könnte.

Was die Sachverhalte betrifft, die als ›Bewußtsein‹ charakterisiert werden, so sind hinsichtlich der Möglichkeit eines solchen Materialismus sehr fundamentale Optionen zu beachten. Denn Bewußtsein ist in der Weise, in der es sich selbst auslegt, kein mögliches Thema der physikalischen Theorie, insofern sie nichts als wissenschaftliche Grundtheorie ist. Indem diese Theorie die Ontologie der natürlichen Welt überschreitet, läßt sie genauso die Sprache von Subjekten, von Meinungen, Sätzen und Vergewisserungen und überhaupt jede Verständigung hinter sich zurück, in der die Perspektive der ersten Person einen Platz hat. Wenn sich nun auf der Basis dieser Theorie ein philosophischer Materialismus etablieren will, so muß er einen von zwei möglichen Wegen einschlagen: Er muß entweder behaupten, daß die Sprache der Subjektivität nur ein relatives und vorläufiges Recht hat, daß grundsätzlich auf sie zugunsten einer Beschreibung von Verhalten verzichtet werden kann. Oder er muß den physikalischen Begriff von Materialität auf eine Weise erweitern, die der Physik, solange sie Wissenschaft ist, niemals zu Gebote stehen kann. Auf dem ersten Weg ist der Wahrheitsanspruch, den die reflektierende Verständigung über Selbstbewußtsein und Erkenntnis mit so offenbarem Recht erhebt, radikal abzuweisen. Der andere Weg verlangt, daß den materiellen Prozessen Eigenschaften eben darum zugesprochen werden, weil die Sachverhalte, denen diese Eigenschaften entsprechen, in der reflektierenden Verständigung gesichert sind: Daß zusammen mit materiellen Systemen hoher Komplexität Sachverhalte, die der Selbstzuschreibung fähig sind, und diese Selbstzuschreibung selber auftreten, – die Sachverhalte des Selbstbewußtseins. Um nun deren Auftritt wiederum verständlich machen zu können, muß die materielle Welt entweder durchgängig nach einer Ontologie beschrieben werden, die schon solche Sachverhalte einschließt, so daß die materiellen Elemente sozusagen vorstellungsfähig werden; oder der materiellen Welt muß eine Entwicklungstendenz zum Auftritt solcher Sachverhalte zugesprochen werden, die ihrerseits nicht von dem her begriffen werden kann, was die physikalische Theorie über materielle Prozesse aussagt. Die Extrapolation, welche zum philosophischen Materialismus führt, ist also keinesfalls eine einfache Verallgemeinerung, sondern selbst eine theoretische Operation, die sich allerdings aus der Evidenz rechtfertigt, daß materielle Prozesse und nur sie eine einleuchtende Erklärung für die Wirklichkeit der Einzelnen in der natürlichen Welt geben.

Einzelheiten bei der Begründung des Materialismus sind hier nicht zu erörtern. Es kommt nur darauf an, deutlich zu machen, daß auch der Materialismus eine Verständigung über die natürliche Welt nicht aus ihr, sondern im grundsätzlichen Abgehen von ihr und im Überstieg über sie ist. Je vollständiger und somit philosophischer er in seinem Anspruch ist, um so weniger kann er seine These auf wissenschaftliche Einsicht gründen und zugleich die Sachverhalte des Bewußtseins einschließen, statt sie für schlechtweg irreal zu erklären. Das schließt nicht aus, daß auch solcher Materialismus einleuchtend gefunden und angenommen werden kann. Es läßt sich sogar ein limitatives Theorem formulieren: Ist der Materialismus wahr, so kann er die Sachverhalte der Subjektivität nicht als Wissenschaft einschließen. Ist dieser Satz richtig, so muß die Unableitbarkeit des Bewußtseins im Kontext des Materialismus kein zwingender Grund für dessen Zurückweisung sein. Sie ist im Gegenteil eine notwendige, wenn auch keine zureichende Bedingung für seine Annahme. Dies Theorem läßt sich aus der Überlegung begründen, daß auch Wissenschaft Erkenntnis und an die grundlegenden Voraussetzungen der Formulierung von Erkenntnis gebunden ist. Diese einfache Wahrheit, so kann man schließen, impliziert auch, daß die Erkenntnis vom Wirklichen niemals sich selbst vollständig in ihren Begriff vom Ganzen der Wirklichkeit integrieren kann. Das aber schließt nicht aus, daß dieser Begriff grundsätzlich angemessen ist. Umgekehrt, so ist weiter zu folgern, muß jedes zutreffende Wirklichkeitsverständnis gegenüber den Sachverhalten, die vom Begriff der Erkenntnis selbst vorausgesetzt werden, kraftlos und insofern begrenzt bleiben. So kann man in dieser seiner Begrenzung eine minimale Bedingung für seine Richtigkeit sehen. Eben das besagt das limitative Theorem.

22. Die Metaphysik ist Widerpart des Materialismus. Wie sie kann er sich nur im Übersteigen des Grundverhältnisses formulieren. Doch geht er nicht, wie die Metaphysik, darauf aus, auf die Inkonsistenz der natürlichen Welt mit seinem Konzept so einzugehen, daß sich das Selbstbewußtsein, indem es seine konfligierenden Tendenzen der Einsicht, der Selbstbeschreibung und des Lebensweges zu einheitlichem Verstehen bringt, zugleich aus diesem Konzept zu verstehen

vermag. Zumindest der Materialismus, der sich konsequent im Anschluß an die physikalische Theorie begründet und der in diesem Sinne szientifisch ist, tritt dem Selbstverständnis im Grundverhältnis gerade direkt entgegen. Er fordert es zu einer Selbstrevision heraus, die deshalb grundsätzlich ist, weil sie dazu führt, die aus der Dynamik des Selbstbewußtseins notwendig hervorgehenden Fragen der Selbstverständigung in einem Weltbegriff im Ernste preiszugeben. Das Weltverständnis soll nicht nur in dem Sinne objektiv werden, daß es die Prozesse des Selbstseins ganz von einer Wirklichkeit her begreift, die selbst nicht die der ersten Person ist, sondern in dem anderen Sinne, in dem diese Prozesse verständlich zu machen gar keine Bedingung für die Verständigung über Wirkliches insgesamt sein sollte.

Indem der Materialismus so definiert wird, ist auch schon der Begriff der Metaphysik bestimmt: Sie entfaltet in Antwort auf die Dunkelheit des Grundverhältnisses eine Weltkonzeption, in die sich das natürliche Selbstverständnis sozusagen selbst einschreiben kann. Metaphysik ist also die Weise, das Grundverhältnis alles Verstehens zu übersteigen, die zugleich auch in diesem Grundverhältnis als ein letzter Horizont für vollendetes Selbstverständnis angeeignet werden kann.

Eben diese ihre Stellung muß dem Grundverdacht des Materialismus ihr gegenüber sein gutes Gewissen geben. Denn was entworfen ist, um im bewußten Leben angeeignet werden zu können, scheint auch nur von dessen Bedürfnissen hergeleitet werden zu können. Dem aber steht die szientifische Gesinnung entgegen: Nur Ausgewiesenes für wahr anzunehmen, vor den Grenzen innezuhalten, an denen alle Ausweisbarkeit zu Ende kommt.

Aber auch der Materialismus selbst ist in diesem Sinne nicht ausweisbar. Er steht nur mit ausweisbarer Erkenntnis auf seine direkte Art im Bunde. Ist er nicht im Mißverständnis über seine eigene theoretische Position, so kann er gar nicht ausschließen, daß die im Grundverhältnis hervorgehende Erkenntnis auch zu anderen Bündnissen fähig ist. Und weil das natürliche Selbstverständnis auf Metaphysik angelegt ist, müßte der Materialismus, um sein exklusives Recht als, allerdings notwendig unvollständige, Universaltheorie zu zeigen, das bewußte Leben auf allen Stufen und Pfaden des Versuches zur Selbstdeutung aufsuchen und kritisieren, – also eine Phänomenologie des Geistes auf dem Wege zu seiner Selbstrücknahme in die physikalische Theorie entwickeln. Für bewußtes Leben gibt es jedenfalls ohne sie keine Möglichkeit zu einer Subordination unter die materialistische These, welche auch hinsichtlich dessen, was dieses Leben ist und vernünftig begründet verlangt, selbst noch aus Vernunft kommt.

23. Um zu sehen, daß es grundsätzlich Sinn hat, auch nach der Entwicklung einer machtvollen physikalischen Theorie den Weg der Metaphysik offenzuhalten, muß man sich nur klarmachen, daß der Materialismus in noch ganz anderer Hinsicht vor einer Grenze steht als die es ist, welche durch das limitative Theorem bezeichnet wird: Die Theorie des materiellen Universums muß davon ausgehen, daß überhaupt Materielles wirklich ist; und sie kann nur die Funktionen angeben, welche die Relationen zwischen materiellen Ereignissen bestimmen, nicht aber über die Ausgangskonstellation aller Prozesse theoretisieren. Die Metaphysik hat aber einen ihrer Ursprünge in der Frage nach einer selbst nicht mehr auf Faktisches relativierbaren Notwendigkeit. Es mag wohl wahr sein, daß diese Frage über die Grenze aller Theorie noch dramatischer hinausgreift als der Versuch zur Integration von Bewußtsein und Selbstverhältnis in die materielle Welt, vielleicht sogar über die Grenzen aller Verständlichkeit. Daß aber vor dieser Frage alles Verstehen zum Ende kommt, macht deutlich, daß die physikalische Theorie nicht zur Einsicht in eine letzte Wirklichkeit führt, die aus sich selbst heraus verständlich ist und die nur vor der Inte-

gration des bewußten Lebens in ihren Begriffsapparat scheitert, und zwar aus ebenso einleuchtenden wie, was die Begründbarkeit alternativer Weltbilder betrifft, folgenlosen Gründen. Die materielle Welt ist so wenig aus sich ohne Rest verständlich, wie ihr Verständnis zum Abschluß in einer Universaltheorie gebracht werden kann. Und so ist der Weg der metaphysischen Weltkonzeptionen nicht verschlossen. Daß sie entstehen, hat vom Selbstbewußtsein und seiner Dynamik her Notwendigkeit. Ihr Wahrheitsanspruch ist damit nicht gesichert; er ist aber auch nicht durch die Möglichkeit der szientifischen Selbstbefreiung und durch den historischen Auftritt der physikalischen Theorie suspendiert.

V.
Spekulatives Denken und Weltinterpretation

24. Um die Verfassung von Metaphysik in Beziehung auf das Grundverhältnis des bewußten Lebens zu bestimmen, muß man ihre Ansätze im Grundverhältnis, ihre Verfahrensweisen und ihre begrifflichen Mittel unterscheiden.

Ansätze zum übersteigenden Denken ergeben sich aus den Sachverhalten, die das Grundverhältnis als solches konstituieren, aber innerhalb seiner nicht nur nicht aufzuklären sind, sondern das Bewußtsein ihrer Widerständigkeit gegen eine solche Aufklärung hervortreiben: Das unverständliche Selbstverhältnis, kraft dessen Selbstbewußtsein besteht, die Unvermitteltheit von Wirklichkeit und Bewußtsein im ursprünglichen Selbstbewußtsein und die Unverständlichkeit der endlichen Einzelnheit in der Weltordnung. Zusammengenommen machen sie das aus, was als die dem Grundverhältnis innewohnende Dunkelheit erfahren werden kann. Sie fordert ein Denken heraus, in dem diese Sachverhalte, und zwar in einem Zusammenhang, mit einer im Grundverhältnis selbst nicht verfügbaren Klarheit aufgefaßt werden können.

Es ist wichtig, solche Aufklärung im denkenden Überschreiten des Grundverhältnisses nicht mit dem Versuch zu einer Erklärung zu verwechseln. Erklärungen setzen notwendig in schon wohlbestimmten Verhältnissen an und leiten diese auf Ausgangsbedingungen zurück. Aber die Metaphysik ist ihrem Wesen nach nicht Kosmologie. Sie begründet vielmehr ein Denken in einer Begriffsform, welche die im Grundverhältnis fungierende in der Absicht ersetzt, über es als Ganzes zur Klarheit zu gelangen. Und wenn sie überhaupt Erklärung ist, so in dem besonderen Sinn, ein Ganzes zu denken, in dem die Zuordnung von Faktoren, die im Grundverhältnis co-fungierende Korrelata sind, ihre Verständlichkeit finden. Gegenüber der Herleitung aus Bedingungen ist die Metaphysik eher als Ontologie zu verstehen. Doch verständigt sie nicht, wie die Ontologie, die auf das Grundverhältnis als solches geht, darüber, welche Arten von Wirklichem innerhalb seiner immer schon angenommen sind. Denn diese Ontologie, abgesehen davon, daß sie notwendigerweise unvollständig ist, war gerade als eine der Quellen der Dunkelheit dieses Grundverhältnisses anzusehen.

Sieht man auf die Tradition des metaphysischen Denkens, so ist allerdings zu sagen, daß sie sich zu einem überwiegenden Teil als erklärendes Denken zu verstehen hatte. Daß sie es war, ergab sich aber aus ihrer Vorstellung von dem Weg, auf dem sie das Grundverhältnis übersteigen könnte, – nämlich durch die Steigerung eines seiner Momente zu einer die anderen begrifflich beherrschenden Stellung. Das Subjekt ist als Person Einzelnes unter Einzelnen. In seinem bewußten Leben orientiert es sich auf die Welt der Einzelnen; und so wird es die Erfahrung der Dunkelheit in seinem Leben zuerst von der Undeutlichkeit her verstehen, welche mit dem Verhältnis von endlicher Einzelheit und Weltordnung einhergeht. Sie gibt unmittelbar Anlaß dazu, das Grundverhältnis auf eine Einzelnheit hin zu übersteigen, die so gedacht wird, daß für sie die ursprüngliche Differenz zwischen Einzelnheit und den selbst nicht von Einzelnheit her zu verstehenden Eintrittsbedingungen von Einzelnheit zur Ordnung nicht mehr besteht. Diese einzigartige Einzelnheit ist dann aber zugleich so zu begreifen, daß sie einbegreift, was die Quellen der Unverständlichkeit sind, die sich im Grundverhältnis aus dem Selbstverständnis der Subjektivität ergeben: Es wird als Wirkliches verstanden, das nicht in Beziehung auf ein anderes, dem es begegnet, sondern ursprünglich und in sich selbst Wirkliches ist; und als eines, das in einem durch nichts vermittelten und somit reinen Selbstverhältnis steht. Auf solche Weise ergibt sich der Gedanke von der selbstgenügsamen Substanz, die an ihr selbst in der Beziehung zu sich Subjekt ist.

25. Durchschaut man diesen Ursprung dieses metaphysischen Grundbegriffes von Gott, so wird allerdings sogleich auch deutlich, daß er nicht durch einfache Herleitung aus dem Grundverhältnis gewonnen ist. Er ergibt sich durch eine so weitgehende Abweichung von den im Grundverhältnis fungierenden Begriffen, daß der Gedanke aufkommen muß, ein das Grundverhältnis übersteigendes Denken lasse sich überhaupt nur unter Preisgabe von dessen Begriffsform und in einer methodisch kontrollierten Abweichung von ihr gewinnen. Ist diese Konsequenz gezogen, so entspricht eine Metaphysik, die sich des Mittels des paradoxalen Sprechens bedient und die als solche die erste Form eines übersteigenden Denkens begründet, das nunmehr ›spekulativ‹ genannt werden muß. In dem Maße, in dem es die Begriffsform des Grundverhältnisses nicht mehr aus der direkten Intention auf Einzelne versteht, wird es auch dazu kommen, den Überstieg nicht von einem als selbstgenügsam gedachten Einzelnen her, sondern von der Wirklichkeit und vom Selbstverhältnis des Subjektes her zu orientieren.

Zusammen mit dieser doppelten Wendung, die einschließt,

daß die Ontologie des Einzelnen für das übersteigende Denken nicht mehr maßgeblich ist, muß sich der Gedanke von einem ›Absoluten‹ ausbilden, das als solches nicht selbst Einzelnes ist, von dem alles Einzelne aber intern und eben darum radikal abhängt. Und dieser Gedanke steht dafür, daß die explanatorische Metaphysik wirklich zu Ende gekommen ist. Denn führt das übersteigende Denken nicht mehr zu einem Einzelnen, so auch nicht mehr zu Ausgangsbedingungen, von denen her Endliches in der im Grundverhältnis fungierenden Weise aus anderem Einzelnen hergeleitet werden kann. Während es der Gedanke der selbstgenügsamen Substanz zuläßt, als erste Ursache alles Einzelnen interpretiert zu werden, ist die Orientierung auf ein ›Absolutes‹ hin, geschieht sie nur folgerichtig, gegen diese Auslegungsart immun. So ist die Kosmologie definitiv von der Metaphysik abgeschieden.

26. Das Selbstbewußtsein und die Probleme, die sich bei dem Versuch ergeben, seine Verfassung aufzuklären, fordern in besonderem Maße dazu heraus, auch über es in einer paradoxalen Begriffsform zu theoretisieren. Schon der einfache Gedanke von einem Selbstbewußtsein scheint direkt in Paradoxien zu führen, und zwar auf doppelte Weise: Gibt es Selbstbewußtsein, so dadurch, daß Bewußtsein sich selbst kennt. Sofern es aber sich kennt, ist das, was bekannt ist, seinerseits bereits als Selbstbewußtsein zu denken. So setzt also Selbstbewußtsein sich unendlich voraus. Und weiter: Wo Selbstbewußtsein besteht, wird etwas unter der Beschreibung, Selbstbewußtsein zu sein, angesprochen. Ist aber die Beschreibung überhaupt verfügbar, so liegt auch schon wirkliches Selbstbewußtsein vor. Denn was der Begriff besagt, kann nur aus dem Sachverhalt, für den er gilt, verstanden werden. So ist Selbstbewußtsein wiederum vorausgesetzt, wenn es überhaupt zustande kommen soll. Dieser unendliche Einschluß in sich kann dazu veranlassen, die Wirklichkeit des Selbstbewußtseins und den Sinn der Abso-

lutheit des einen Absoluten miteinander zu identifizieren. Es ist aber um jeden Preis zu vermeiden, diesem Raisonnement nachzugeben und sich einen so einfachen Weg zur Vergewisserung der metaphysischen Wahrheit zu erlauben. Denn abgesehen davon, daß die paradoxale Form auf nichts als auf Widerspruch herauskommt, thematisiert sie das Selbstverhältnis im Selbstbewußtsein unter Ausschluß der Eigentümlichkeit, die für die Subjektivität und ihren sprachlichen Ausdruck in der ersten Person singularis gerade wesentlich ist: Im Selbstbewußtsein hat nicht nur ein Bewußtsein Kenntnis von diesem Bewußtsein, sondern es ist von einem Bewußtsein gewußt, daß »es selbst« dieses Bewußtsein ist. Diese Eigenschaft der ersten Person läßt sich nicht nur aus keiner anderen herleiten, sondern auch nicht als ein Fall besonderer, möglicherweise infiniter Relationalität von einem anderen Standpunkt aus auffassen, als der es ist, in der sie erfüllt ist. Schließlich steht der direkten Auslegung des Selbstbewußtseins als paradoxale Selbstbeziehung auch entgegen, daß es in dieser Auffassung gerade nicht zum Anlaß wird, das Grundverhältnis als Ganzes zu überschreiten. Sie ist vielmehr geeignet, es als Ganzes gelten zu lassen und es nur im Selbstbewußtsein als Ankerpunkt festzumachen, der seinerseits der paradoxalen Interpretation bedarf. So kann aber den komplexen Sachverhalten, welche in ihrem gesamten Zusammenhang dazu veranlassen, das Grundverhältnis als solches zu übersteigen, nicht Rechnung getragen werden. Im übrigen ist die Abweichung von der Begriffsform des natürlichen Bewußtseins, welche Selbstbewußtsein zum Ausgangspunkt dafür nimmt, eine paradoxale Sprache einzuführen, um dann auf ein Absolutes hin zu denken, gar nicht imstande, eine Begriffsform zu gewinnen, welche mit der im Grundverhältnis fungierenden in eine Konkurrenz zu bringen wäre. Ein Denken, das auf diesem Wege paradoxal wird, muß im Abstoß vom Grundverhältnis verharren und deshalb sein Absolutes aus der Negation der natürlichen

Verhältnisse heraus thematisieren. Es ist spekulativ, kann aber nicht zu einer spekulativen Theorie werden, in der Absolutes an ihm selbst und seiner Form nach aufgefaßt werden könnte.

27. Eine Theorie, die als solche spekulativ ist, muß sich auf das Ganze der im Grundverhältnis fungierenden Begriffsform beziehen, damit aber auch noch radikaler von ihr abweichen als es paradoxales Denken über Selbstverhältnisse zu tun bereit war. Sie muß zu einer Abweichung von der natürlichen Begriffsform im Ganzen ausholen, sie nicht nur an einer der signifikanten Quellen von Dunkelheit in ihr hinter sich lassen. Insofern ist sie, indem sie Abweichung von ihr ist, zugleich ein Gegenentwurf zu ihr.

Das führt zu der Frage, auf welche Weise ein solcher Gegenentwurf ausgebildet werden kann. Aber die Antwort auf sie hat von vornherein eine Orientierung: Der die Weltbeziehung im Grundverhältnis strukturierende Gedanke ist der von Einzelnen, die insofern endlich sind, als sie in einer Dimension möglicher anderer Einzelner auftreten. Soll das Grundverhältnis radikal überstiegen werden, so muß der Gedanke der Selbständigkeit der Einzelnen gegeneinander preisgegeben werden, aber so, daß sich damit auch ein Gegenentwurf zum Grundverhältnis formiert. Das geschieht so direkt und fundamental wie möglich, wenn der Gedanke, mit Hilfe dessen die Selbständigkeit des Einzelnen gefaßt wird, und der zu ihm gehörige komplementäre Gedanke von der Differenzbeziehung zwischen verschiedenen Einzelnen in einen einzigen Gedanken vereinigt werden: zum Gedanken von der Differenz gegen sich selbst. Er ist der elementare Bestand einer spekulativen Begriffsform. Zu einem Gegenentwurf zum ganzen Grundverhältnis wird sie allerdings erst, wenn ihr Grundgedanke in weitere Differenzierungen entwickelt werden kann, und insbesondere dadurch, daß sie auch bis zu einem der Selbstbeziehung des Subjektes entsprechenden Ausdruck entfaltet wird. Dieser Ausdruck läßt sich am leichtesten gewinnen, wenn man in das formale Verhältnis der Differenz zu sich das propositionale einschreibt, also die Form des Wirklichen und die Form seines Erkennens in der Kontinuität eines einzigen formalen Sachverhaltes denkt. Selbstbewußtsein wird dann, spekulativ aufgefaßt, so zu definieren sein: Sich im Anderen seiner selbst als sich selbst wissen.

Es ist deutlich, daß die systematische Abweichung von der ganzen Verfassung des Grundverhältnisses, die in der Absicht geschieht, einen Gegenentwurf zu ihm zu gewinnen, die Begriffsform der Philosophie Hegels ergibt, und zwar so, daß dies Ergebnis geradezu zwingend erscheint. Damit ist dann auch die ausgezeichnete Stellung von Hegels Denken in Beziehung auf alle nur mögliche Metaphysik angegeben. Hegel artikuliert den Gedanken vom Absoluten in einer Sprache, die sich überhaupt keiner anderen Mittel bedient als der elementaren Funktionen des Grundverhältnisses, aber so, daß sie aus ihrem Funktionszusammenhang herausgenommen und im Gegenzug zu ihrer Co-Funktionalität, die im Grundverhältnis gilt und die ihnen ihre ursprüngliche Bedeutung gibt, in die Einheit einer einzigen Form überführt werden, welche durch den Nicht-Unterschied zwischen Selbstbeziehung und Differenzbeziehung charakterisiert ist. Von diesem Grundkontrast her werden alle anderen Funktionen des Grundverhältnisses, für die andere Weisen der Co-Funktionalität charakteristisch sind, derselben Operation unterworfen. Das gilt insbesondere für die Allgemeinheit des Prädikats, das Insichsein des Einzelnen und für das Verhältnis von Begriffsform und Wirklichkeit. Sie alle werden als besondere Ausformungen des spekulativen Grundgedankens der selbstbezüglichen Differenz neu definiert.

Unter den vielen anderen spekulativen Reformulierungen natürlicher Begriffsbildungen sind diese deshalb von besonderer Wichtigkeit, weil die Aufhebung der ursprünglichen Differenz und Korrelativität, die sie in ihrer natürlichen Bedeutung aufweisen, auch für andere Formen des metaphysischen Überstiegs über das Grundverhältnis als die eigentlich spekulativen maßgeblich gewesen sind. Erwägt man die ganze Geschichte der Metaphysik von ihren Möglichkeitsbedingungen her, so entspricht dem unanalysierbaren Selbstverhältnis der ersten Person das reine Selbstverhältnis des Absoluten, der unvermittelten Einheit von Subjektivität und Wirklichkeit das Theorem vom notwendigen Seienden, das im ontologischen Gottesbeweis seine eigentliche Explikation gefunden hat, und der Dunkelheit in der Ontologie der natürlichen Welt der Gedanke von einem letzten Wirklichen, das sich aus sich selbst heraus zu differenzieren vermag. Hegels Denken hat nur die Sonderstellung, diese Gedanken aus dem Zwang, metaphorisch oder paradoxal mitgeteilt werden zu müssen, dadurch zu befreien, daß er dem Grundverhältnis in direktem Gegenzug zu ihm eine spekulative Begriffsform abgerungen hat.

28. Hegels Selbstverständnis liegt nun allerdings weit ab von dieser Verständigung über das Wesen der Metaphysik und über den Ursprung seiner Begriffsform. Wird Metaphysik als systematische Abweichung vom Grundverhältnis des bewußten Lebens verstanden, so ist sie, methodisch betrachtet, nicht nur auf ein Erfahrung überschreitendes, sondern auch auf ein konstruktives Denken zurückzuführen. Anders als Hegel und mit ihm viele andere Metaphysiker es wollten, kommt Metaphysik nicht in der Präsenz und erkennenden Berührung des Absoluten zustande. Sie ist, wie Kant es sah, nichts als Denken und ein Denken als Entwerfen von Ideen, wenn auch, anders als Kant es wollte, diese Ideen nicht aus der einfachen Extrapolation der Erfahrungserkenntnis zur Vollständigkeit, sondern aus Abweichen von und Gegenentwurf zur Form der natürlichen Erkenntnis zustande kommen.

Ist aber die metaphysische Begriffsform aus Konstruktion begründet, so doch in einem Sinne, der das Gegenteil willkürlichen Entwerfens und Ausdenkens ist. Diese Konstruktion, ob sie sich nun in Hegels reinem Gegenentwurf oder in welcher anderen Form immer ausbildet, ist die Weise, der Notwendigkeit Rechnung zu tragen, daß das Grundverhältnis überstiegen werden muß. Und diese Notwendigkeit ist die doppelte, auf die Dunkelheit des Grundverhältnisses antworten und über die gegenläufigen Tendenzen der Selbstinterpretation des bewußten Lebens in einem Ganzen verständigt sein zu müssen. Diese doppelte Notwendigkeit begreift alles, was dem bewußten Leben wesentlich ist, so sehr ein, daß man sagen muß, die Konstruktion geschehe nicht nur aus unabweisbarem Grund, sondern in ihr komme auch eine Notwendigkeit zum Ausdruck, die dem bewußten Leben als solchem zugrundeliegt. Insofern muß man sagen, daß der metaphysischen Erkenntnis Absolutes zwar nicht präsent, daß es aber in ihrem Denken selbst und als solches wirksam ist und zum Ausdruck kommt.

29. Auch in der Begriffsform, welche der vollständige Gegenentwurf zu der des Grundverhältnisses ist, holt das metaphysische Denken nicht ein, wovon es seinen Ausgang nimmt. Das gilt insbesondere hinsichtlich des Selbstverhältnisses im Selbstbewußtsein. Zwar ging die ganze Energie Hegels darauf, die Wirklichkeit des Selbstbewußtseins aus dem formalen Verhältnis der selbstbezüglichen Differenz herzuleiten. Aber sowohl die Bilanz aus Hegels eigenen Versuchen als die Aufklärung der Problemlage als solcher führen zu der Einsicht in die Unabweisbarkeit der These, daß das Selbstverhältnis im Selbstbewußtsein nicht eigentlich analysiert, sondern nur in Approximation ausgelegt werden kann.

Ist es so, dann verliert sich die Aussicht, das metaphysische Denken könne vielleicht dem Grundverhältnis eine Begriffsform abgewinnen, welche, sofern sie einmal gewonnen ist, als selbstgenügsame Weltorientierung in Kraft gesetzt werden kann. Auch das metaphysische Denken bleibt, indem es das Grundverhältnis transzendiert, an dieses Verhältnis intern gebunden, – und zwar insofern, als es sein Ziel, Aufklärung über das Ganze dessen zu geben, was im Grundverhältnis unverständlich bleibt, doch nur über eine fortdauernde implizite Bezugnahme auf die Sachverhalte erreichen kann, die im Grundverhältnis selbst begründende Bedeutung haben. Daraus ergibt sich die gewichtige Folgerung, daß das metaphysische Denken niemals aus sich heraus zu einem eigenen Abschluß gelangen kann, daß es auch im radikalen Gegenentwurf zugleich immer auch Interpretation des Grundverhältnisses ist und daß es, um überhaupt eine durchgängig beherrschte Form gewinnen zu können, darauf angewiesen bleibt, dies zu sein.

In jedem Fall kann metaphysisches Denken nur dann durch Abstoß vom natürlichen formiert werden, wenn es auch auf die Rückkehr zu ihm in der Form der Interpretation angelegt ist. Um das zu sehen, muß man nur festhalten, daß Metaphysik anderes als Erklärung und ganz anderes als Erkenntnis einer zweiten Welt ist, die neben der natürlichen besteht. Zudem ist eines der beiden Motive, die ihr zugrundeliegen, die Selbstverständigung des bewußten Lebens. Der Abstoß vom Grundverhältnis geschieht also von vornherein mit der Absicht auf seine Rekonstruktion im Blick. Und diese Rekonstruktion will Aufklärung, nicht Ablösung.

Was sich aber gezeigt hat, ist, daß auch diese Aufklärung wiederum nur eine Approximation ergibt, so wie schon vor allem Überstieg die direkte Analyse des Selbstbewußtseins nur zu Approximationen kommen konnte. Die wirkliche Zentrierung des Selbstbewußtseins nach der ersten Person bleibt auch in der metaphysischen Rekonstruktion uneingeholt. Aber das metaphysische Denken verständigt Selbstbewußtsein über sich selbst in einem Zusammenhang, in dem es nicht so wie im szientifischen Materialismus entweder ganz eliminiert oder ortloser Auswurf des materiellen Universums ist. Und die Verständigung geschieht zugleich so, daß sie in Kontinuität mit einer Reinterpretation der natürlichen Welt in der Begriffsform des metaphysischen Gegenentwurfs erfolgt, die, obgleich sie nur Interpretation ist, die Einheit dieser Welt durchsichtiger und differenzierter auffaßt als es mit den im Grundverhältnis selbst fungierenden begrifflichen Mitteln möglich gewesen wäre.

In welcher Weise eine solche Rekonstruktion konkret auszuführen ist, muß hier dahingestellt bleiben. Wieder ist es Hegels Denken, durch das am eindrucksvollsten dokumentiert ist, wie aus der spekulativen Begriffsform Mittel zur Interpretation der Welt zu gewinnen sind, welche die im Grundverhältnis selbst verfügbaren an Konkretion bei weitem übertreffen. Daß aber das bewußte Leben in einem Grundverhältnis geschieht, welches sowohl die Möglichkeit zu einem spekulativen Gegenentwurf, den es herausfordert, eröffnet, als auch aus diesem Entwurf eine interpretierende Rekonstruktion der natürlichen Welt erlaubt, muß selbst als ein ganz grundlegender und selbst nicht mehr hintergehbarer Sachverhalt gelten.

30. Dieser Sachverhalt gibt zu einem letzten Gedanken Anlaß, für den es nur wenige Anschlußpunkte in der Tradition metaphysischen Denkens gibt: Das Grundverhältnis provoziert den metaphysischen Überstieg, der, sofern er im Gegenentwurf zur Ontologie des Einzelnen erfolgt, den Gedanken von einem Absoluten nach sich zieht. Von ihm her muß sich das bewußte Leben über die Gegenläufigkeit seiner Einsätze zur Selbstinterpretation im Grundverhältnis verständigen. Und diese Verständigung geschieht so, daß damit zugleich das Grundverhältnis interpretierend rekonstruiert wird. Hat nun die Philosophie diesen ganzen Zusammenhang verstanden und auch eingesehen, daß die Rekonstruktion nicht zur Auflösung des Grundverhältnisses in die spekulative Begriffsform, sondern nur zu seiner Interpretation in ihr führen kann, so ergibt sich diese Folgerung: Die gesamte Verfassung des Grundverhältnisses ist darauf angelegt,

den Gedanken des Absoluten hervorzutreiben und sich selbst über sich von diesem Gedanken her sowohl zu verständigen als auch insofern zu verwandeln, als nur von diesem Gedanken her in das bewußte Leben diejenige Einheit des Verstehens kommen kann, die gegenüber allen Beirrungen standhält, welche aus den ihm gleich wesentlichen aber gleichermaßen gegenläufigen Tendenzen der Selbstauslegung kommen. In einer Sprache, die auf Fichte zurückzuleiten wäre, müßte diese Einsicht so ausgesprochen werden: Das bewußte Leben ist gar nichts anderes, als daß das Absolute zur Einsicht kommt, und die Bewährung dieser Einsicht in einem Leben, das zu einem Ganzen geworden ist. Doch daraus folgt dann unmittelbar, daß auch der Gedanke vom Absoluten selbst unter Einschluß dessen zu denken ist, daß es diese Aneignung und Bewährung im über sich verständigten Grundverhältnis ermöglicht und verlangt. Es muß darum als ein Prozeß des Hervorganges aus sich gedacht werden, aus dem das Grundverhältnis überhaupt erst ins Dasein kommt, – und das so, daß dies Verhältnis zunächst in selbstgenügsamem Fungieren abgeschlossen ist, dann aber aus dem Überstieg über seine natürliche Welt zu seiner Selbstaufklärung und eigentlichen Freiheit gelangt. – Kommt in dieser Einsicht der Weg, der in das spekulative Denken führte, wirklich zu seinem Ende, so bleibt für das bewußte Leben selbst noch die Frage, ob es in diesem Ganzen die Wahrheit über sich selbst auch erkennt. Es könnte auch beim ›Ignoramus‹ einhalten. Es könnte auch den szientifischen Weg einschlagen. Gibt es aber eine profundere Bewährung einer Einsicht als die, daß in ihr bewußtes Leben mit allen Spuren von Einsicht und unabweisbaren Selbstinterpretationen zur Einheit kommt?

Was aber die Verständigung betrifft, welche die Philosophie über die dem bewußten Leben eigene Bewegung und über die Bewegungen seiner Selbstdeutungen zu geben hat, so steht dies außer Frage: Sie wird zwangsläufig hinter den

Gedanken, welche in dieser Bewegung selbst hervorgehen und über die sie wird, was sie ist, zurückbleiben, wird das wirkliche Erfahren der Menschen trivialisieren, statt es zur Vernunft zu befreien, wenn sie sich nicht über die Analyse des Grundverhältnisses hinaus in die Wirklichkeit des spekulativen Denkens stellt. In einer Zeit, die von der fortschreitenden Wissenschaft und der verfeinerten Begriffsanalyse entweder theoretisches Heil erwartet oder die endgültige Befriedung und Befriedigung in theoretischer Enthaltsamkeit, muß der Kantische Imperativ ›sapere aude!‹ das ›speculari aude!‹ betont in sich aufnehmen: Habe den Mut, über Deine Welt hinauszudenken, um sie und zumal Dich selbst in ihr zu begreifen!